Gobalan Krishnasamy
Sudharsan Parthasarathy
Siva Vijayakumar Tharumasivam

Uma introdução às Bases de dados biológicas

Gobalan Krishnasamy
Sudharsan Parthasarathy
Siva Vijayakumar Tharumasivam

Uma introdução às Bases de dados biológicas

Explorando o universo digital da vida: Uma introdução às bases de dados biológicas

ScienciaScripts

Imprint

Any brand names and product names mentioned in this book are subject to trademark, brand or patent protection and are trademarks or registered trademarks of their respective holders. The use of brand names, product names, common names, trade names, product descriptions etc. even without a particular marking in this work is in no way to be construed to mean that such names may be regarded as unrestricted in respect of trademark and brand protection legislation and could thus be used by anyone.

Cover image: www.ingimage.com

This book is a translation from the original published under ISBN 978-620-7-48836-0.

Publisher:
Sciencia Scripts
is a trademark of
Dodo Books Indian Ocean Ltd. and OmniScriptum S.R.L publishing group

120 High Road, East Finchley, London, N2 9ED, United Kingdom
Str. Armeneasca 28/1, office 1, Chisinau MD-2012, Republic of Moldova, Europe
Printed at: see last page
ISBN: 978-620-7-70317-3

Uma introdução às bases de dados biológicas

Autores

Gobalan Krishnasamy

Sudharsan Parthasarathy

Siva Vijayakumar Tharumasivam

S.N.	Nome dos autores	Fotografia	Filiação
1	Gobalan Krishnasamy		Departamento de Biotecnologia, Jamal Mohamed College, Trichy, Tamil Nadu, Índia.
2	Sudharsan Parthasarathy		Departamento de Silvicultura, Universidade de Nagaland (uma universidade central), Lumami, Nagaland, Índia.
3	Siva Vijayakumar Tharumasivam		Departamento de Engenharia Biotecnológica, Universidade Dhanalakshmi Srinivasan, Samayapuram, Trichy, Tamil Nadu.

Uma introdução às bases de dados biológicas

Gobalan Krishnasamy[1] , Sudharsan Parthasarathy[2] , Siva Vijayakumar Tharumasivam[3]

[1] Departamento de Biotecnologia, Jamal Mohamed College, Trichy, Tamil Nadu, Índia.

[2] Departamento de Silvicultura, Universidade de Nagaland (uma universidade central), Lumami, Nagaland, Índia.

[3] Departamento de Engenharia Biotecnológica, Universidade Dhanalakshmi Srinivasan, Samayapuram, Trichy, Tamil Nadu.

*** Autor correspondente (shiva.bloom165@gmail.com)**

Conteúdo

Introdução:

Estas bases de dados são constituídas por dados biológicos, como a sequenciação de proteínas, a estrutura molecular, as sequências de ADN, etc., de forma organizada. Existem várias ferramentas informáticas para manipular os dados biológicos, tais como atualizar, apagar, inserir, etc. As bases de dados biológicas são armazenamentos de informação biológica. A revista *Nucleic Acids Research* publica regularmente edições especiais sobre bases de dados biológicas e tem uma lista dessas bases. A edição de 2018 contém uma lista de cerca de 180 bases de dados deste tipo e actualizações de bases de dados anteriormente descritas. O Omics Discovery Index pode ser utilizado para navegar e pesquisar várias bases de dados biológicas. As bases de dados biológicas são bibliotecas de ciências biológicas, recolhidas a partir de experiências científicas, literatura publicada, tecnologia de experiências de elevado rendimento e análise computacional. Contêm informações de áreas de investigação como a genómica, a proteómica, a metabolómica, a expressão genética por microarray e a filogenética. As informações contidas nas bases de dados biológicas incluem a função, a estrutura e a localização dos genes (tanto a nível celular como cromossómico), os efeitos clínicos das mutações, bem como as semelhanças entre sequências e estruturas biológicas.

As bases de dados biológicas podem ser classificadas de acordo com o tipo de dados que recolhem (ver abaixo). Em termos gerais, existem bases de dados moleculares (para sequências, moléculas, etc.), bases de dados funcionais (para fisiologia, actividades enzimáticas, fenótipos, ecologia, etc.), bases de dados taxonómicas (para espécies e outras categorias taxonómicas), imagens e outros suportes ou espécimes (para colecções de museus, etc.). Estes conhecimentos facilitam a luta contra as doenças, ajudam no desenvolvimento de medicamentos, na previsão de certas doenças genéticas e na descoberta de relações básicas entre espécies na história da vida. As bases de dados biológicas surgiram como resposta aos enormes dados gerados pelas tecnologias de sequenciação de ADN de baixo custo. Uma das primeiras bases de dados a surgir foi o GenBank, que é uma coleção de todas as sequências de proteínas e de ADN disponíveis. É mantida pelos National Institutes of Health (NIH) e pelo National Center for Biotechnology Information (NCBI). O GenBank abriu caminho para o Projeto do Genoma Humano (PGH). O HGP permitiu a sequenciação completa e a leitura do projeto genético. Os dados armazenados em bases de dados biológicas estão organizados para uma análise óptima e são de dois tipos: em bruto e com curadoria (ou anotação). As bases de dados biológicas são complexas, heterogéneas, dinâmicas e, no entanto, inconsistentes. A inconsistência deve-se à falta de normas a nível ontológico.

Os dados recolhidos no mundo biológico são designados por dados biológicos. Por exemplo, dados de sequências de ADN, dados populacionais, dados genéticos, dados ecológicos, etc. No entanto, a bioinformática lida com dados relacionados com biomoléculas recolhidos em experiências científicas, literatura publicada e análises computacionais. Com o advento de novas técnicas e ferramentas computacionais, verifica-se um aumento exponencial da informação sobre biomoléculas. Os bioinformáticos armazenam estes dados biológicos (dados sobre ADN, ARN e proteínas) em formato digital, ou seja, em bases de dados. Para a apresentação e gestão de dados a nível mundial, o acesso e o intercâmbio através da Internet, os bioinformáticos construíram bases de dados onde os dados sobre biomoléculas são armazenados sistematicamente. Até à data, os bioinformáticos construíram um vasto leque de bases de dados que se tornaram acessíveis aos investigadores através da Internet. As bases de dados incluem dados de sequências de ADN, ARN e proteínas, informação estrutural, dados de expressão genética, dados de interação molecular, dados de mutação, dados fenotípicos, informação sobre vias metabólicas, informação taxonómica de organismos biológicos, etc

Tipos de bases de dados biológicas

As bases de dados biológicas podem ainda ser classificadas como bases de dados primárias, secundárias e compostas.

As bases de dados primárias contêm informações apenas sobre a sequência ou a estrutura. Exemplos de bases de dados biológicas primárias incluem:

- Swiss-Prot e PIR para sequências de proteínas
- GenBank e DDBJ para sequências de genomas
- Protein Databank para estruturas de proteínas

As bases de dados secundárias contêm informações derivadas das bases de dados primárias. As bases de dados secundárias armazenam informações como sequências conservadas, resíduos do sítio ativo e sequências de assinatura. Os dados do Protein Databank são armazenados em bases de dados secundárias. Os exemplos incluem:

- SCOP na Universidade de Cambridge
- CATH no University College de Londres
- PROSITE do Instituto Suíço de Bioinformática
- eMOTIF em Stanford

As bases de dados compostas contêm uma variedade de bases de dados primárias, o que elimina a necessidade de pesquisar cada uma delas separadamente. Cada base de dados composta tem algoritmos de pesquisa e estruturas de dados diferentes. O NCBI aloja estas bases de dados, onde se encontram as ligações para o Online Mendelian Inheritance in Man (OMIM).

Bases de dados Trata-se da criação de módulos de armazenamento de dados para permitir o armazenamento e o acesso a dados biológicos úteis em bioinformática. O primeiro passo envolve a geração de dados brutos, antes que o que pode ser revelado é feito com o uso de várias formas de análise. Os dados assim obtidos são então colocados em dados com a respectiva interpretação, um processo conhecido como Anotação.

$$Dados + Anotação = Informação$$

Os dados devidamente associados à sua interpretação formam a Informação. A informação assim obtida pode então ser armazenada em Bases de Dados que permitem aos utilizadores um acesso fácil e sem restrições.

Lista de bases de dados biológicos:

As bases de dados biológicas são armazenamentos de informação biológica. A revista *Nucleic Acids Research* publica regularmente edições especiais sobre bases de dados biológicas e tem uma lista dessas bases. A edição de 2018 contém uma lista de cerca de 180 bases de dados e actualizações de bases de dados descritas anteriormente. O Omics Discovery Index pode ser utilizado para navegar e pesquisar várias bases de dados biológicas.

Meta bases de dados:

As meta-bases de dados são bases de dados de bases de dados que recolhem dados sobre dados para gerar novos dados. São capazes de fundir informações de diferentes fontes e disponibilizá-las de uma forma nova e mais conveniente, ou com ênfase numa determinada doença ou organismo. A metabase de dados é um modelo de base de dados para gestão de metadados, consulta global de bases de dados independentes e processamento distribuído de dados. A palavra metadatabase é uma adição ao dicionário]. Originalmente, metadados era apenas um termo comum que se referia simplesmente a *dados sobre dados*, como etiquetas, palavras-chave e cabeçalhos de marcação.

- ConsensusPathDB: uma base de dados de interacções funcionais moleculares, integrando informações de 12 outras
- Entrez (Centro Nacional de Informação Biotecnológica)
- Neuroscience Information Framework (Universidade da Califórnia, San Diego): integra centenas de recursos relevantes para a neurociência; muitos estão listados abaixo

Bases de dados de organismos modelo:

As bases de dados de organismos-modelo fornecem dados biológicos aprofundados sobre organismos intensamente estudados.

- PomBase: a base de conhecimentos para a levedura de fissão *Schizosaccharomyces pombe*
- *SubtiWiki*: base de dados integrada para a bactéria modelo *Bacillus subtilis*

Bases de dados de ácidos nucleicos

A base de dados de nucleótidos é uma coleção de sequências de várias fontes, incluindo GenBank, RefSeq, TPA e PDB. Os dados de sequências de genomas, genes e transcrições constituem a base da investigação e descoberta biomédicas.

<u>**Bases de dados de ADN**</u>

A base de dados de ADN ou banco de dados de ADN é uma base de dados de perfis de ADN que pode ser utilizada na análise de doenças genéticas, na recolha de impressões digitais genéticas para fins criminológicos ou na genealogia genética. As bases de dados de ADN podem ser públicas ou privadas, sendo as maiores as bases de dados nacionais de ADN, que são frequentemente utilizadas em investigações forenses. Quando uma correspondência é feita a partir de uma base de dados nacional de ADN para ligar uma cena de crime a uma pessoa cujo perfil de ADN está armazenado numa base de dados, essa ligação é muitas vezes referida como um "*cold hit*". Um "cold hit" tem especial valor para ligar uma pessoa específica a um local de crime, mas tem menos valor probatório do que uma correspondência de ADN efectuada sem recurso a uma base de dados de ADN. A investigação demonstra que as bases de dados de ADN de delinquentes reduzem as taxas de criminalidade.

Bases de dados primárias:

A Base de Dados Internacional de Sequências de Nucleótidos (INSD) é constituída pelas seguintes bases de dados.

A International Nucleotide Sequence Database Collaboration (INSDC) consiste num esforço conjunto para recolher e divulgar bases de dados com sequências de ADN e ARN. Envolve as seguintes bases de dados informatizadas: DNA Data Bank of Japan (Japão), GenBank (EUA) e o European Nucleotide Archive (Reino Unido). Os dados novos e actualizados sobre sequências de nucleótidos contribuídos por equipas de investigação para cada uma das três bases de dados são sincronizados diariamente através da interação contínua entre o pessoal de cada uma das organizações colaboradoras. Todos os dados da INSDC estão disponíveis para acesso livre e sem restrições, para qualquer finalidade, sem restrições à análise, redistribuição ou re-publicação dos dados. Esta política tem sido um princípio fundamental da INSDC desde a sua criação. A declaração oficial da política pode ser consultada em http://www.insdc.org/. Desde a década de 1990, a maioria das principais revistas científicas do mundo exige que os dados de sequências sejam depositados numa base de dados da INSDC como condição prévia para publicação.

A sincronização DDBJ/EMBL/GenBank é mantida de acordo com uma série de directrizes que são produzidas e publicadas por um Conselho Consultivo Internacional. As directrizes consistem numa definição comum das tabelas de características das bases de dados, que regulam o conteúdo e a sintaxe das entradas das bases de dados, sob a forma de uma DTD (*Definição do Tipo de Documento*) comum. A sintaxe é designada INSDSeq e o seu núcleo consiste na sequência de letras da expressão genética (sequência de aminoácidos) e na sequência de letras das bases nucleotídicas no gene ou no segmento descodificado. Uma operação DBFetch mostra uma entrada INSD típica na base de dados EBI; a mesma entrada no NCBI

Banco de dados de ADN do Japão (Instituto Nacional de Genética):

O **Banco de Dados de ADN do Japão (DDBJ)** é uma base de dados biológica que recolhe sequências de ADN. Está localizado no Instituto Nacional de Genética (NIG), na prefeitura de Shizuoka, no Japão. É também membro da International Nucleotide Sequence Database Collaboration ou INSDC. Troca diariamente os seus dados com o European Molecular Biology Laboratory do Instituto Europeu de Bioinformática e com o GenBank do National Center for Biotechnology Information. Assim, estas três bases de dados contêm os mesmos dados em qualquer altura.

EMBL (Instituto Europeu de Bioinformática):

O Laboratório Europeu de Biologia Molecular (EMBL) é uma instituição de investigação em biologia molecular apoiada por 27 Estados-Membros, dois Estados em perspetiva e um Estado associado. O EMBL foi criado em 1974 e é uma organização intergovernamental financiada por fundos públicos de investigação dos seus Estados-Membros. A investigação no EMBL é efectuada por cerca de 85 grupos independentes que cobrem o espetro da biologia molecular.

A lista de grupos independentes do EMBL pode ser consultada em www.embl.org. O Laboratório funciona em seis locais: o laboratório principal em Heidelberg e os locais em Hinxton em Hamburgo (Alemanha), Roma (Itália) e Barcelona (Espanha). Os grupos e laboratórios do EMBL realizam investigação fundamental em biologia molecular e medicina molecular, bem como formam cientistas, estudantes e visitantes. A organização ajuda no desenvolvimento de serviços, novos instrumentos e métodos, e tecnologia nos seus estados membros. Israel é o único Estado membro de pleno direito situado fora da Europa.

Investigação:

Cada sítio EMBL tem um domínio de investigação específico. O EMBL-EBI é um centro de investigação e de serviços de bioinformática, desenvolvendo e mantendo um grande número de bases de dados científicas gratuitas. Em Grenoble e Hamburgo, a investigação centra-se na biologia estrutural e o sítio EMBL de Roma dedica-se ao estudo da epigenética e da neurobiologia. Os cientistas do EMBL Barcelona estão a explorar a forma como os tecidos e os órgãos funcionam e se desenvolvem, na saúde e na doença. Na sede em Heidelberg, existem unidades em biologia celular e biofísica, biologia do desenvolvimento, biologia do genoma e biologia estrutural e computacional, bem como grupos de serviços que complementam os domínios de investigação acima referidos. No EMBL foram efectuadas muitas descobertas científicas. A primeira análise genética sistemática do desenvolvimento embrionário da mosca da fruta foi realizada no EMBL por Christiane Nüsslein-Volhard e Eric Wieschaus, tendo-lhes sido atribuído o Prémio Nobel da Fisiologia ou Medicina em 1995. No início dos anos 80, Jacques Dubochet e a sua equipa no EMBL desenvolveram a microscopia eletrónica criogénica para estruturas biológicas. Foram galardoados com o Prémio Nobel da Química de 2017

GenBank (Centro Nacional de Informação Biotecnológica):

A base de dados de sequências **GenBank** é uma coleção de acesso livre e anotada de todas as sequências de nucleótidos publicamente disponíveis e das suas traduções proteicas. É produzida e mantida pelo National Center for Biotechnology Information (NCBI; uma parte dos National Institutes of Health nos Estados Unidos) como parte da International Nucleotide Sequence Database Collaboration (INSDC). A GenBank e os seus colaboradores recebem sequências produzidas em laboratórios de todo o mundo de mais de 100.000 organismos distintos. A base de dados foi criada em 1982 por Walter Goad e pelo Laboratório Nacional de Los Alamos. O GenBank tornou-se uma base de dados importante para a investigação em áreas biológicas e tem crescido nos últimos anos a um ritmo exponencial, duplicando aproximadamente a cada 18 meses. Release 242.0, produzido em fevereiro de 2021, e continha mais de 12 triliões de bases de nucleótidos em mais de 2 mil milhões de sequências. O GenBank é construído através de envios directos de laboratórios individuais, bem como de envios em massa de centros de sequenciação em grande escala.

Submissões:

Apenas as sequências originais podem ser submetidas ao GenBank. As submissões directas são feitas ao GenBank utilizando o BankIt, que é um formulário baseado na Web, ou o programa de submissão autónomo, Sequin. Após a receção de uma sequência submetida, o pessoal do GenBank examina a originalidade dos dados, atribui um número de acesso à sequência e efectua verificações de garantia de qualidade. As submissões são então lançadas na base de dados pública, onde as entradas são recuperáveis por Entrez ou descarregáveis por FTP. As submissões em massa de dados de Expressed Sequence Tag (EST), Sequence-tagged site (STS), Genome Survey Sequence (GSS) e High-Throughput Genome Sequence (HTGS) são mais frequentemente submetidas por centros de sequenciação de grande escala. O grupo de submissões directas do GenBank também processa sequências completas de genomas microbianos.

Crescimento:

As notas de lançamento do GenBank para o lançamento 162.0 (outubro de 2007) afirmam que "desde 1982 até ao presente, o número de bases no GenBank duplicou aproximadamente a cada 18 meses". Em 15 de junho de 2019, a versão 232.0 do GenBank tinha 213 383 758 loci, 329 835 282 370 bases, de 213 383 758 sequências registadas. A base de dados GenBank inclui conjuntos de dados adicionais que são construídos mecanicamente a partir da recolha principal de dados de sequências, pelo que são excluídos desta contagem.

Organismo de topo no GenBank (versão 191)

Organism	base pairs
Homo sapiens	$1.6310774187 \times 10^{10}$
Mus musculus	$9.974977889 \times 10^{9}$
Rattus norvegicus	$6.521253272 \times 10^{9}$
Bos taurus	$5.386258455 \times 10^{9}$
Zea mays	$5.062731057 \times 10^{9}$
Sus scrofa	4.88786186×10^{9}
Danio rerio	$3.120857462 \times 10^{9}$
Strongylocentrotus purpuratus	$1.435236534 \times 10^{9}$
Macaca mulatta	$1.256203101 \times 10^{9}$
Oryza sativa Japonica Group	$1.255686573 \times 10^{9}$
Nicotiana tabacum	$1.197357811 \times 10^{9}$
Xenopus (Silurana) tropicalis	$1.249938611 \times 10^{9}$
Drosophila melanogaster	1.11996522×10^{9}
Pan troglodytes	$1.008323292 \times 10^{9}$
Arabidopsis thaliana	$1.144226616 \times 10^{9}$
Canis lupus familiaris	951,238,343
Vitis vinifera	999,010,073
Gallus gallus	899,631,338
Glycine max	906,638,854
Triticum aestivum	898,689,329

O Centro Nacional de Informação Biotecnológica (NCBI) faz parte da Biblioteca Nacional de Medicina dos Estados Unidos (NLM), um ramo dos Institutos Nacionais de Saúde (NIH). É aprovado e financiado pelo governo dos Estados Unidos. O NCBI está localizado em Bethesda, Maryland, e foi fundado em 1988 através de legislação patrocinada pelo congressista norte-americano Claude Pepper. O NCBI alberga uma série de bases de dados relevantes para a biotecnologia e a biomedicina e é um recurso importante para ferramentas e serviços de bioinformática. As principais bases de dados incluem o GenBank para sequências de ADN e o PubMed, uma base de dados bibliográfica para literatura biomédica. Outras bases de dados incluem a base de dados NCBI Epigenomics. Todas estas bases de dados estão disponíveis em linha através do motor de pesquisa Entrez. O NCBI foi dirigido por David Lipman, um dos autores originais do programa de alinhamento de sequências BLAST e uma figura muito respeitada no domínio da bioinformática

Banco de Dados de ADN do Japão (DDBJ):

O Banco de Dados de ADN do Japão (DDBJ) é uma base de dados biológica que recolhe sequências de ADN. Está localizada no Instituto Nacional de Genética (NIG), na prefeitura de Shizuoka, no Japão. É também membro da International Nucleotide Sequence Database Collaboration ou INSDC. Troca diariamente os seus dados com o Laboratório Europeu de Biologia Molecular do Instituto Europeu de Bioinformática e com o GenBank do Centro Nacional de Informação Biotecnológica. O DDBJ (Japão), o GenBank (EUA) e o European Nucleotide Archive (Europa) são repositórios de dados de sequências de nucleótidos de todos os organismos. Os três aceitam submissões de sequências de nucleótidos e trocam dados novos e actualizados diariamente para conseguir uma sincronização óptima entre eles. Estas três bases de dados são bases de dados primárias, uma vez que alojam os dados de sequência originais. Colaboram com o Sequence Read Archive (SRA), que arquiva leituras brutas de instrumentos de sequenciação de elevado débito.

Bases de dados secundárias:

As bases de dados secundárias utilizam os dados de sequências publicamente disponíveis nas bases de dados primárias para fornecer camadas de informação aos dados de sequências de ADN ou de proteínas. As bases de dados secundárias incluem dados derivados da análise de entradas em bases de dados primárias

IMPRESSÕES:

Em biologia molecular, a base de dados PRINTS é uma coleção das chamadas "impressões digitais": fornece um recurso de anotação pormenorizado para famílias de proteínas e uma ferramenta de diagnóstico para sequências recentemente determinadas. Uma impressão digital é um grupo de motivos conservados retirados de um alinhamento de sequências múltiplas - em conjunto, os motivos formam uma assinatura caraterística para a família de proteínas alinhada. Os motivos em si não são necessariamente contíguos na sequência, mas podem juntar-se no espaço 3D para definir locais de ligação molecular ou superfícies de interação. A força específica de diagnóstico das impressões digitais reside na sua capacidade de distinguir diferenças de sequência ao nível do clã, da superfamília, da família e da subfamília. Isto permite diagnósticos funcionais de pormenor de sequências não caracterizadas, permitindo, por exemplo, a discriminação entre membros da família com base nos ligandos a que se ligam ou nas proteínas com que interagem, e destacando potenciais oligomerizações ou sítios alostéricos.PRINTS é um parceiro fundador do recurso integrado InterPro, uma base de dados amplamente utilizada de famílias de proteínas, domínios e sítios funcionais.

PROSITE:

PROSITE é uma base de dados de proteínas. É constituída por entradas que descrevem as famílias de proteínas, os domínios e os sítios funcionais, bem como os padrões e perfis de aminoácidos nelas contidos. Estas entradas são seleccionadas manualmente por uma equipa do Instituto Suíço de Bioinformática e fortemente integradas na anotação de proteínas Swiss-Prot. O PROSITE foi criado em 1988 por Amos Bairoch, que dirigiu o grupo durante mais de 20 anos. Desde julho de 2018, o diretor do PROSITE e do Swiss-Prot é Alan Bridge. As utilizações do PROSITE incluem a identificação de possíveis funções de proteínas recém-descobertas e a análise de proteínas conhecidas para actividades anteriormente indeterminadas. As propriedades de genes bem estudados podem ser propagadas a organismos biologicamente relacionados e, para genes diferentes ou pouco conhecidos, as funções bioquímicas podem ser previstas a partir de semelhanças. O PROSITE oferece ferramentas para análise de sequências de proteínas e deteção de motivos (ver motivos de sequência, padrões PROSITE). Faz parte dos servidores de análise proteómica ExPASy. A base de dados ProRule baseia-se nas descrições de domínios do PROSITE. Fornece informações adicionais sobre aminoácidos funcional ou estruturalmente críticos. As regras contêm informações sobre resíduos biologicamente significativos, como sítios activos, sítios de ligação a substratos ou co-factores, sítios de modificação pós-traducional ou ligações dissulfureto, para ajudar a determinar a função. Estas podem gerar automaticamente anotações baseadas em motivos PROSITE.

Blocos:

As limitações das duas bases de dados acima referidas levaram à formação da base de dados Block. Nesta base de dados, os motivos (aqui designados por Blocks) são criados automaticamente, destacando e detectando as regiões mais conservadas de cada família de proteínas. As bases de dados Block são totalmente automatizadas. A pesquisa de palavras-chave e de sequências são as duas características importantes deste tipo de base de dados.

Perfis

A base de dados de perfis é utilizada para descobrir as regiões mais conservadas no alinhamento das sequências. O perfil é ponderado para indicar que são permitidas modificações (em bioinformática chamadas INDELS) na sequência, que podem ser a inserção de uma nova sequência ou a eliminação de uma sequência.

Herança Mendeliana no Homem (OMIM) em linha:

O Online Mendelian Inheritance in Man (OMIM) é um catálogo continuamente atualizado de genes humanos e doenças e características genéticas, com especial incidência na relação gene-fenótipo. Em 28 de junho de 2019, aproximadamente 9 000 das mais de 25 000 entradas no OMIM representavam fenótipos; as restantes representavam genes, muitos dos quais estavam relacionados com fenótipos conhecidos

Recolha Processo e utilização:

O conteúdo do MIM/OMIM baseia-se na seleção e análise da literatura biomédica publicada e revista por pares. A atualização do conteúdo é realizada por uma equipa de escritores científicos e curadores sob a direção da Dra. Ada Hamosh no McKusick-Nathans Institute of Genetic Medicine da Universidade Johns Hopkins. Embora a OMIM esteja disponível gratuitamente para o público, foi concebida para ser utilizada principalmente por médicos e outros profissionais de saúde envolvidos em doenças genéticas, por investigadores de genética e por estudantes avançados de ciências e medicina. A base de dados pode ser utilizada como recurso para localizar literatura relevante para doenças hereditárias, e o seu sistema de numeração é amplamente utilizado na literatura médica para fornecer um índice unificado para doenças genéticas

(RefSeq):

A base de dados de sequências de referência (**RefSeq**) é uma coleção de acesso livre, anotada e com curadoria, de sequências de nucleótidos publicamente disponíveis (ADN, ARN) e respectivos produtos proteicos. A RefSeq foi introduzida pela primeira vez em 2000. Esta base de dados é construída pelo National Center for Biotechnology Information (NCBI) e, ao contrário do GenBank, fornece apenas um único registo para cada molécula biológica natural (ou seja, ADN, ARN ou proteína) para os principais organismos, desde vírus a bactérias e eucariotas. *O RefSeq* está limitado aos principais organismos para os quais estão disponíveis dados suficientes (mais de 66 000 organismos distintos "nomeados" em setembro de 2011), enquanto o GenBank inclui sequências para qualquer organismo apresentado (aproximadamente 250 000 organismos diferentes nomeados).

Categorias RefSeq:

Category	Description
NC	Complete genomic molecules
NG	Incomplete genomic region
NM	mRNA
NR	ncRNA
NP	Protein
XM	predicted mRNA model
XR	predicted ncRNA model
XP	predicted Protein model (eukaryotic sequences)
WP	predicted Protein model (prokaryotic sequences)

Projeto 1000 Genomas:

O **Projeto 1000 Genomas** (abreviado como **1KGP**), lançado em janeiro de 2008, foi um esforço de investigação internacional para estabelecer, de longe, o catálogo mais detalhado da variação genética humana. Os cientistas planeavam sequenciar os genomas de, pelo menos, mil participantes anónimos de vários grupos étnicos diferentes nos três anos seguintes, utilizando tecnologias recentemente desenvolvidas que eram mais rápidas e menos dispendiosas. Em 2010, o projeto terminou a sua fase piloto, que foi descrita em pormenor numa publicação na revista *Nature*. Em 2012, foi anunciada a sequenciação de 1092 genomas numa publicação *da Nature*. Em 2015, dois artigos na *Nature* relataram os resultados e a conclusão do projeto e as oportunidades de investigação futura. Foram identificadas muitas variações raras, restritas a grupos estreitamente relacionados, e foram analisadas oito classes de variações estruturais.

O projeto reúne equipas de investigação multidisciplinares de institutos de todo o mundo, incluindo a China, a Itália, o Japão, o Quénia, a Nigéria, o Peru, o Reino Unido e os Estados Unidos. Cada uma delas contribuirá para o enorme conjunto de dados de sequências e para um mapa refinado do genoma humano, que será de acesso livre à comunidade científica e ao público em geral através de bases de dados públicas. Ao fornecer uma visão geral de toda a variação genética humana, o consórcio criará uma ferramenta valiosa para todos os domínios da ciência biológica, especialmente nas disciplinas de genética, medicina, farmacologia, bioquímica e bioinformática.

Projeto Internacional HapMap:

O **Projeto Internacional HapMap** era uma organização que tinha como objetivo desenvolver um mapa de haplótipos (**HapMap**) do genoma humano, para descrever os padrões comuns da variação genética humana. O HapMap é utilizado para encontrar variantes genéticas que afectam a saúde, a doença e as respostas a medicamentos e factores ambientais. A informação produzida pelo projeto é disponibilizada gratuitamente para investigação. O Projeto Internacional HapMap é uma colaboração entre investigadores de centros académicos, grupos de investigação biomédica sem fins lucrativos e empresas privadas do Canadá, China (incluindo Hong Kong), Japão, Nigéria, Reino Unido e Estados Unidos. Começou oficialmente com uma reunião de 27 a 29 de outubro de 2002, e previa-se que demorasse cerca de três anos. Compreende duas fases; os dados completos obtidos na Fase I foram publicados em 27 de outubro de 2005. A análise do conjunto de dados da Fase II foi publicada em outubro de 2007. O conjunto de dados da Fase III foi divulgado na primavera de 2009 e a publicação que apresenta os resultados finais foi publicada em setembro de 2010.

23 and Me, Inc:

A 23andMe, Inc. é uma empresa pública de genómica pessoal e biotecnologia com sede em Sunnyvale, Califórnia. É mais conhecida por fornecer um serviço de testes genéticos directos ao consumidor, em que os clientes fornecem uma amostra de saliva que é analisada em laboratório, utilizando genotipagem de polimorfismo de nucleótido único, para gerar relatórios relacionados com a ascendência do cliente e predisposições genéticas para tópicos relacionados com a saúde. O nome da empresa deriva do facto de existirem 23 pares de cromossomas numa célula humana de tipo selvagem. A empresa teve anteriormente uma relação difícil com a Food and Drug Administration (FDA) dos Estados Unidos devido aos seus testes genéticos de saúde, mas a partir de outubro de 2015, os testes de ADN encomendados nos EUA incluem uma componente de saúde revista, por aprovação da FDA. A 23andMe vende um produto com componentes de ascendência e de saúde no Canadá desde outubro de 2014 e no Reino Unido desde dezembro de 2014.

Em 2007, a 23andMe tornou-se a primeira empresa a começar a oferecer testes de ADN autossómico para determinar a ascendência, que todas as outras grandes empresas utilizam atualmente. O seu negócio de testes genéticos directos ao consumidor com base na saliva foi nomeado "Invenção do Ano" pela revista *Time* em 2008.

Outras bases de dados:

A Nucleosome **Positioning Region Database (NPRD)** é uma base de dados de locais de formação de nucleossomas (NFSs). Um nucleossoma é a unidade estrutural básica de empacotamento de ADN em eucariotas. A estrutura de um nucleossoma consiste num segmento de ADN enrolado em torno de oito proteínas histonas e assemelha-se a um fio enrolado num carretel. O nucleossoma é a subunidade fundamental da cromatina. Cada nucleossoma é composto por um pouco menos de duas voltas de ADN enroladas em torno de um conjunto de oito proteínas chamadas histonas, que são conhecidas como octâmero de histonas. Cada octâmero de histonas é composto por duas cópias de cada uma das proteínas histónicas H2A, H2B, H3 e H4.

O ADN tem de ser compactado em nucleossomas para caber no núcleo da célula. Para além do envolvimento dos nucleossomas, a cromatina eucariótica é ainda mais compactada ao ser dobrada numa série de estruturas mais complexas, acabando por formar um cromossoma. Cada célula humana contém cerca de 30 milhões de nucleossomas

Bases de dados de expressão genética (sobretudo dados de microarray):

A base de dados de microarray é um repositório que contém dados de expressão genética de microarray. As principais utilizações de uma base de dados de microarrays consistem em armazenar os dados de medição, gerir um índice pesquisável e disponibilizar os dados a outras aplicações para análise e interpretação (diretamente ou através de descarregamentos do utilizador).

As bases de dados de microarray podem ser classificadas em duas classes distintas:

Um repositório público, revisto por pares, que obedece a normas académicas ou industriais e foi concebido para ser utilizado por muitas aplicações e grupos de análise. Um bom exemplo disto é o Gene Expression Omnibus (GEO) do NCBI ou o ArrayExpress do EBI. Um repositório especializado associado principalmente à marca de uma determinada entidade (laboratório, empresa, universidade, consórcio e grupo), a um conjunto de aplicações, a um tópico ou a um método de análise, quer seja comercial, sem fins lucrativos ou académico. Estas bases de dados podem ter uma ou mais das seguintes características: Pode ser necessária uma subscrição ou licença para obter acesso total, O conteúdo pode provir principalmente de um grupo específico (por exemplo Pode haver restrições quanto a quem pode utilizar os dados ou para que fins os dados podem ser utilizados, pode ser necessária uma autorização especial para apresentar novos dados ou pode não haver qualquer processo óbvio, apenas determinadas aplicações podem estar equipadas para utilizar os dados, Podem ser necessários outros processamentos ou reformatações dos dados para aplicações ou análises normais. (Uma *aplicação* de meta-análise, que incorpora estudos de uma ou mais bases de dados públicas (por exemplo, a Gemma utiliza principalmente estudos GEO; a NextBio utiliza várias fontes)

Algumas das mais conhecidas *bases de dados* públicas de microarranjos com curadoria são:

Database	Scope	Microarray experiment sets	Sample profiles	As of date
ArrayTrack	ArrayTrack hosts both public and private data, including MAQC benchmark data, with integrated analysis tools	1622	50,093	Feb 2012
NCI mAdb	Hosts NCI data with integrated analysis and statistics tools	?	105,000	Mar 2012
ImmGen database	Open access across all immune system cells; expression data, differential expression, coregulated clusters, regulation	267	1059	Jan 2012
Genevestigator	Gene expression search engine based on manually curated, well annotated public and proprietary microarray and RNA-seq datasets	3226	232,855	October 2016
Gene Expression Omnibus - NCBI	any curated MIAME compliant molecular abundance study	25859	641770	October 28, 2011
ArrayExpress at EBI	Any curated MIAME or MINSEQE compliant transcriptomics data	24838	708914	October 28, 2011
Stanford Microarray database	private and published microarray and molecule abundance database (now defunct)	82542	?	October 23, 2011
The Cancer Genome Atlas (TCGA)	collection of expression data for different cancers	21229	?	August 30, 2013
GeneNetwork system	Open access standard arrays, exons arrays, and RNA-seq data for genetic analysis (eQTL studies) with analysis suite	~100	~10000	July, 2010
UNC modENCODE Microarray database	Nimblegen customer 2.1 million array	~6	180	July 17, 2009

Bases de dados de genomas

Estas bases de dados recolhem sequências de genomas, anotam-nas e analisam-nas, e fornecem acesso público. Algumas acrescentam a curadoria da literatura experimental para melhorar as anotações computorizadas. Estas bases de dados podem conter genomas de muitas espécies ou o genoma de um único organismo modelo.

Ensembl Genomes:

Fornece dados à escala do genoma de bactérias, protistas, fungos, plantas e metazoários invertebrados, através de um conjunto unificado de interfaces interactivas e programáticas (utilizando a plataforma de software Ensembl) O Ensembl Genomes é um projeto científico que fornece dados à escala do genoma de espécies não vertebradas. O projeto é gerido pelo Instituto Europeu de Bioinformática e foi lançado em 2009 utilizando a tecnologia Ensembl. O principal objetivo da base de dados Ensembl Genomes é complementar a base de dados principal Ensembl, introduzindo cinco páginas Web adicionais para incluir dados de genomas de bactérias, fungos, metazoários invertebrados, plantas e protistas. Para cada um dos domínios, as ferramentas Ensembl estão disponíveis para manipulação, análise e visualização dos dados do genoma. A maioria dos dados do Ensembl Genomes está armazenada em bases de dados relacionais MySQL e pode ser acedida através da interface REST do Ensembl, da API Perl, do Biomart ou online. O Ensembl Genomes é um projeto aberto e a maior parte do código, das ferramentas e dos dados está disponível ao público. O software Ensembl e Ensembl Genomes utiliza uma licença Apache 2.0.

Projeto de base de dados do genoma Ensembl:

O projeto de base de dados do genoma Ensembl é um projeto científico do Instituto Europeu de Bioinformática, lançado em 1999 em resposta à conclusão iminente do Projeto Genoma Humano. O Ensembl tem como objetivo fornecer um recurso centralizado para geneticistas, biólogos moleculares e outros investigadores que estudam os genomas da nossa própria espécie e de outros vertebrados e organismos modelo. O Ensembl é um dos vários navegadores de genoma bem conhecidos para a recuperação de informações genómicas. Fornece bases de dados de anotação automática para genomas de humanos, ratos, outros vertebrados e eucariotas.

Encontram-se bases de dados e navegadores semelhantes no NCBI e na Universidade da Califórnia, Santa Cruz (UCSC).

Base de dados FlyBase:

FlyBase é uma base de dados bioinformáticos em linha e o principal repositório de dados genéticos e moleculares para a família de insectos Drosophilidae. Para a espécie mais extensivamente estudada e organismo modelo, *Drosophila melanogaster*, é apresentada uma vasta gama de dados em diferentes formatos. A informação na FlyBase tem origem numa variedade de fontes, desde projectos de genoma em grande escala até à literatura de investigação primária. Estes tipos de dados incluem fenótipos mutantes, caraterização molecular de alelos mutantes e outros desvios, mapas citológicos, padrões de expressão do tipo selvagem, imagens anatómicas, construções e inserções transgénicas, modelos de genes ao nível da sequência e classificação molecular das funções dos produtos genéticos. As ferramentas de consulta permitem navegar na FlyBase através da sequência de ADN ou de proteínas, pelo nome do gene ou mutante, ou através de termos das várias ontologias utilizadas para captar dados funcionais, fenotípicos e anatómicos. A base de dados oferece várias ferramentas de consulta diferentes, a fim de proporcionar um acesso eficiente aos dados disponíveis e facilitar a descoberta de relações significativas na base de dados. As ligações entre a FlyBase e bases de dados externas, como a BDGP ou a modENCODE, permitem explorar outras bases de dados de organismos modelo e outros recursos de informação biológica e molecular. O projeto FlyBase é levado a cabo por um consórcio de investigadores de *Drosophila* e cientistas informáticos da Universidade de Harvard e da Universidade de Indiana, nos Estados Unidos, e da Universidade de Cambridge, no Reino Unido. FlyBase: genoma do organismo modelo Drosophila melanogaster

Base de dados de doenças genéticas:

A base de dados de doenças genéticas é uma coleção sistematizada de dados, normalmente estruturada para modelar aspectos da realidade, de forma a compreender os mecanismos subjacentes a doenças complexas, através da compreensão de múltiplas interacções compostas entre as relações fenótipo-genótipo e os mecanismos gene-doença. As bases de dados de doenças genéticas integram associações de doenças genéticas humanas a partir de várias bases de dados com curadoria de peritos e associações derivadas da extração de texto, incluindo doenças mendelianas, complexas e ambientais.

Base de dados toxicogenómica comparativa (CTD)

A Base de Dados de Toxicogenómica Comparativa ajuda a compreender os efeitos dos compostos ambientais na saúde humana através da integração de dados da literatura científica selecionada para descrever interacções bioquímicas com genes e proteínas e ligações entre doenças e produtos químicos e doenças e genes ou proteínas. A CTD contém dados seleccionados que definem interacções entre espécies químicas, genes e proteínas e associações químicas e genéticas de doenças para iluminar os mecanismos moleculares subjacentes à suscetibilidade variável e às doenças influenciadas pelo ambiente. Estes dados fornecem informações sobre redes complexas de interação químico-gene e proteína. Uma das principais fontes desta base de dados é a informação selecionada do OMIM.

O CTD é um recurso único em que especialistas em bioinformática lêem a literatura científica e seleccionam manualmente quatro tipos de dados essenciais:

- Interacções químico-gene
- Associações químico-doença
- Associações gene-doença

Base de dados do genoma do rato (RGD):

A Base de Dados do Genoma do Rato (RGD) é uma base de dados de genómica, genética, fisiologia e funcionalidade do rato, bem como de dados de genómica comparativa entre o rato, o homem e o rato. A RGD é responsável por associar informação biológica ao genoma do rato através de vocabulário estruturado, ou ontologia, anotações atribuídas a genes e loci de características quantitativas (QTL), e por consolidar dados sobre estirpes de ratos e disponibilizá-los à comunidade científica. Estão também a desenvolver um conjunto de ferramentas para a extração e análise de dados genómicos, fisiológicos e funcionais do rato, bem como dados comparativos do rato, ratinho, ser humano e cinco outras espécies. O RGD começou como um esforço de colaboração entre instituições de investigação envolvidas na investigação genética e genómica do rato. O seu objetivo, tal como indicado no pedido de subvenção do National Institutes of Health: HL-99-013, é a criação de uma Base de Dados do Genoma do Rato para recolher, consolidar e integrar dados gerados a partir de esforços de investigação genética e genómica em curso no rato e tornar esses dados amplamente disponíveis para a comunidade científica. Um objetivo secundário, mas fundamental, é a curadoria de posições mapeadas para loci de características quantitativas, mutações conhecidas e outros dados fenotípicos.

O rato continua a ser amplamente utilizado pelos investigadores como um organismo modelo para a investigação da farmacologia, toxicologia, fisiologia geral e biologia e fisiopatologia das doenças. Nos últimos anos, tem-se verificado um rápido aumento dos dados genéticos e genómicos do rato. Além disso, a Base de Dados do Genoma do Rato tornou-se um ponto central de informação sobre o rato para a investigação e inclui agora informações não só sobre genética e genómica, mas também sobre fisiologia e biologia molecular. Existem ferramentas e páginas de dados disponíveis para todos estes domínios, com curadoria da equipa do RGD.

Ferramentas do genoma:

As ferramentas Genoma da RGD incluem ferramentas de software desenvolvidas na RGD e ferramentas de terceiros.

Ferramentas genómicas desenvolvidas no RGD:

O RGD desenvolve ferramentas baseadas na Web concebidas para utilizar os dados armazenados na base de dados do RGD para análises em ratos e entre espécies. Estas incluem:

- **OntoMate:** O OntoMate é um motor de pesquisa de literatura baseado em conceitos e orientado para a ontologia que foi desenvolvido pelo RGD como alternativa ao motor de pesquisa básico do PubMed no fluxo de trabalho de curadoria de genes. A conversão de dados de texto livre na literatura científica para um formato estruturado pesquisável é uma das principais tarefas de todas as bases de dados de organismos modelo. O OntoMate marca os resumos com nomes de genes, mutações de genes, nomes de organismos, doenças e outros termos das ontologias/vocabulários utilizados no RGD. Todos os termos/entidades marcados para um resumo são listados com o resumo nos resultados da pesquisa. O OntoMate também fornece filtros activados pelo utilizador para espécies, datas e outros parâmetros relevantes para a pesquisa bibliográfica, o que simplificou o processo em comparação com a utilização do PubMed. Para além da sua utilidade para os processos de curadoria interna do RGD, a ferramenta está disponível para todos os utilizadores do RGD.

- **Anotador de genes**: A ferramenta Gene Annotator ou GA recebe como entrada uma lista de símbolos de genes, IDs RGD, números de acesso GenBank, identificadores Ensembl ou uma região cromossómica e recupera ortólogos de genes, identificadores de bases de dados externas e anotações de ontologia para os genes correspondentes no RGD. Os dados podem ser descarregados para uma folha de cálculo Excel ou analisados na ferramenta. A função Annotation Distribution (Distribuição de anotações) apresenta uma lista de termos em cada uma das sete categorias com a percentagem de genes da lista de entrada com anotações para cada termo. A função Comparison Heat Map (Mapa de calor de comparação) permite comparações de anotações para genes na lista de entrada em duas ontologias ou em dois ramos da mesma ontologia.

- **Visualizador de Variantes**: O Variant Visualizer (VV) é uma ferramenta de visualização e análise de polimorfismos de sequências específicas de estirpes de ratos. O VV recebe como entrada uma lista de símbolos de genes ou uma região genómica definida por cromossomas, posições de início e de paragem ou por dois símbolos de genes ou marcadores. O utilizador deve também selecionar as suas estirpes de interesse a partir de uma lista de estirpes para as quais existem sequências do genoma completo e pode definir parâmetros para as variantes no conjunto de resultados. O resultado é uma apresentação de variantes do tipo mapa de calor. Podem ser visualizadas informações adicionais sobre variantes individuais num painel de pormenor.

- **Ferramenta de Enriquecimento Multi-Ontológico (MOET)**: A MOET é uma ferramenta de análise de ontologias baseada na Web, utilizada para identificar termos de qualquer uma ou de todas as ontologias utilizadas pelo RGD para a curadoria de genes (Disease, Pathway, Phenotype, GO, ChEBI) que estão sobre-representados nas anotações para esses genes ou para ortólogos de outras espécies. O MOET também apresenta a correção de Bonferroni correspondente e o odds ratio na página de resultados.

- **Gene Ortholog Location Finder (GOLF)**: O GOLF é usado para comparar genes ou posições dentro de regiões de interesse entre espécies ou conjuntos de RGD. Os resultados são apresentados com os genes/posições correspondentes em ambas as espécies ou em ambos os conjuntos numa vista tabular lado a lado. As entradas e saídas do GOLF podem ser exportadas para outras ferramentas RGD para análise ou descarregadas usando os links na página de resultados do GOLF.

Dados e ferramentas adicionais:

Portal de fenótipos e modelos

O portal de fenótipos e modelos do RGD centra-se em estirpes, fenótipos e no rato como organismo modelo para a fisiologia e a doença.

- **Modelos Genéticos**: É o local onde todos os ratos genomicamente modificados (estirpes mutantes e estirpes transgénicas) estão listados num formato de tabela para acesso rápido por genes afectados, estirpes de fundo e outras informações disponíveis. Esta secção contém também as estirpes GERRC em que foram criados ratos modificados pelo genoma através do Gene Editing Rat Resource Center.

- **Modelos de autismo**: Os ratos de laboratório são o animal de eleição em neurobiologia. O Medical College of Wisconsin tem estado a trabalhar com a Simons Foundation Autism Research Initiative (SFARI) para criar e distribuir modelos de ratos com autismo.

- **PhenoMiner (Modelos Quantitativos)**: O PhenoMiner é uma base de dados e uma aplicação Web para encontrar e analisar dados quantitativos de fenótipos de ratos. Os dados são anotados em ontologias para estirpe de rato, medição clínica, método de medição e condição experimental. As experiências são categorizadas pela caraterística ou doença avaliada pela medição. A utilização de vocabulários e formatos de dados padronizados permite a comparação de valores entre experiências para a mesma medição. A página de resultados do PhenoMiner inclui um gráfico dos valores de medição e uma tabela descarregável dos valores com os metadados que os acompanham. É fornecida uma ligação para dar aos utilizadores a oportunidade de submeterem os seus próprios dados à base de dados.

- **Intervalos esperados (modelos quantitativos)**: Expected Ranges (Intervalos esperados) é uma base de dados de meta-análise estatística em que os valores de fenótipos quantitativos do PhenoMiner são utilizados para calcular o "intervalo esperado" de um fenótipo medido para um grupo de estirpes em diferentes estudos. Estes intervalos esperados podem ser estratificados por sexo, idade e condições experimentais se existirem pontos de dados suficientes.

Base de dados do genoma de Saccharomyces (SGD):

A base de dados do genoma *de Saccharomyces* (SGD) é uma base de dados científica sobre a biologia molecular e a genética da levedura *Saccharomyces cerevisiae*, vulgarmente conhecida como levedura de padeiro ou levedura em brotamento.

O SGD fornece acesso pela Internet à sequência completa do ADN genómico *da Saccharomyces cerevisiae*, aos seus genes e respectivos produtos, aos fenótipos dos seus mutantes e à literatura que suporta estes dados. No relatório da literatura revista por pares, os resultados das experiências sobre a função e interação dos genes de levedura são extraídos por uma curadoria manual de alta qualidade e integrados numa base de dados bem desenvolvida. Os dados são combinados com resultados de alta qualidade e publicados nas páginas Locus Summary, que é um poderoso motor de pesquisa e um navegador de genoma rico. Com base na complexidade da recolha de informações, são utilizadas várias ferramentas bioinformáticas para integrar as informações e permitir a descoberta produtiva de novos pormenores biológicos. O padrão de ouro para a descrição funcional da levedura de brotamento é fornecido pelo recurso SGD. O recurso SGD também fornece uma plataforma a partir da qual se podem investigar genes e vias relacionados em organismos superiores. A quantidade de informação e o número de características fornecidas pelo SGD aumentaram muito após a libertação da sequência genómica de *S. cerevisiae*. O SGD ajuda os investigadores fornecendo não só informação básica, mas também ferramentas como a pesquisa de semelhança de sequências que conduzem a informação detalhada sobre características do genoma e relações entre genes. O SGD apresenta a informação através de uma variedade de ecrãs gráficos de fácil utilização, criados dinamicamente, que ilustram mapas de características físicas, genéticas e de sequência. Todos os dados do SGD são de acesso livre a investigadores e educadores de todo o mundo, através de páginas Web concebidas para uma utilização extremamente fácil

Métodos de análise:

BLAST, Basic Local Alignment Search Tool, o programa foi concebido para encontrar regiões semelhantes entre sequências biológicas. O SGD permite aos utilizadores efetuar pesquisas BLAST de conjuntos de dados de sequências de *S. cerevisiae*.

O Fungal BLAST permite efetuar pesquisas entre múltiplas sequências de fungos

O Gene Ontology (GO) Term Finder procura termos GO significativos partilhados ou os seus pais e é utilizado para descrever os genes consultados para ajudar os utilizadores a descobrir o que os genes têm em comum.

O GO Slim Mapper mapeia as anotações de um grupo de genes para termos mais gerais e/ou agrupa-os em categorias amplas.

O Pattern Matching é um recurso que permite aos utilizadores procurar sequências curtas de nucleótidos ou péptidos com menos de 20 resíduos ou padrões ambíguos/degenerados.

A análise de restrição permite aos utilizadores efetuar uma análise de restrição introduzindo um nome de sequência ou uma sequência de ADN arbitrária

Base de dados SoyBase:

A SoyBase é uma base de dados criada pelo Departamento de Agricultura dos Estados Unidos. Contém informações genéticas sobre a soja. Inclui mapas genéticos, informações sobre genética mendeliana e dados moleculares sobre genes e sequências. Foi criada em 1990 e está disponível gratuitamente para indivíduos e organizações de todo o mundo.

Ferramentas de pesquisa:

A ferramenta de pesquisa do banco de dados SoyBase usa uma caixa de entrada de texto para consultas. Os resultados são apresentados como texto e como ecrãs. Os resultados apresentam dados genéticos (e genómicos) de soja utilizando o software de código aberto Generic Model Organism Database (GMOD). Para além da SoyBase, os objectos identificados por correspondências lexicais exactas ao termo de consulta, a ferramenta também utiliza uma ontologia específica da soja para identificar objectos SoyBase biologicamente relacionados.

Alguns dados de sequência e anotações da SoyBase estão disponíveis através de uma instância InterMine (SoyMine), que é uma colaboração com o projeto Legume Information System Projec

<u>Bases de dados de fenótipos</u>

- PHI-base: base de dados de interação patógeno-hospedeiro. Liga a informação genética à informação fenotípica dos agentes patogénicos microbianos nos seus hospedeiros. A informação é selecionada manualmente a partir de literatura revista por pares.
- RGD Rat Genome Database: dados genómicos e fenotípicos para *Rattus norvegicus*
- Base de dados PomBase: dados fenotípicos seleccionados manualmente para a levedura *Schizosaccharomyces pombe.*
-

Base PHI:

A base de dados das interacções entre agentes patogénicos e hospedeiros (PHI-base) é uma base de dados biológica que contém informações sobre genes que comprovadamente afectam o resultado das interacções entre agentes patogénicos e hospedeiros. A base de dados é mantida por investigadores da Rothamsted Research, juntamente com colaboradores externos, desde 2005. Desde abril de 2017, a base PHI faz parte da ELIXIR, a infraestrutura europeia de ciências da vida para informação biológica, através do seu nó ELIXIR-UK. A base de dados das Interacções Patógeno-Hospedeiro foi desenvolvida para utilizar eficazmente o número crescente de genes verificados que medeiam a capacidade de um organismo causar doenças e/ou desencadear respostas do hospedeiro.

A base de dados acessível na Internet cataloga genes de patogenicidade, virulência e efectores verificados experimentalmente de bactérias, fungos e oomicetos patogénicos que infectam hospedeiros animais, vegetais e fúngicos. A base PHI é o primeiro recurso em linha dedicado à identificação e apresentação de informações sobre genes de patogenicidade de fungos e oomicetos e suas interacções com o hospedeiro. Como tal, a PHI-base é um recurso valioso para a descoberta de alvos candidatos em agentes patogénicos fúngicos e oomicetos de importância médica e agronómica para intervenção com químicos sintéticos e produtos naturais (fungicidas).

Cada entrada na PHI-base é selecionada por peritos no domínio e apoiada por fortes provas experimentais (experiências de disrupção de genes), bem como por referências bibliográficas em que as experiências são descritas. Cada gene na base PHI é apresentado com a sua sequência de nucleótidos e aminoácidos deduzidos, bem como uma descrição estruturada pormenorizada da função da proteína prevista durante o processo de infeção do hospedeiro. Para facilitar a interoperabilidade dos dados, os genes são anotados utilizando vocabulários controlados (termos da Ontologia Genética, números CE, etc.) e ligações a outras fontes de dados externas, como UniProt, EMBL e os serviços de taxonomia do NCBI.

Base de dados de organismos modelo PomBase:
A PomBase é uma base de dados de organismos modelo que fornece acesso em linha à sequência do genoma da levedura de fissão Schizosaccharomyces pombe e a características anotadas, juntamente com uma vasta gama de dados funcionais específicos de genes com curadoria manual. O sítio Web PomBase foi remodelado em 2016 para proporcionar aos utilizadores um serviço mais integrado e com melhor desempenho.

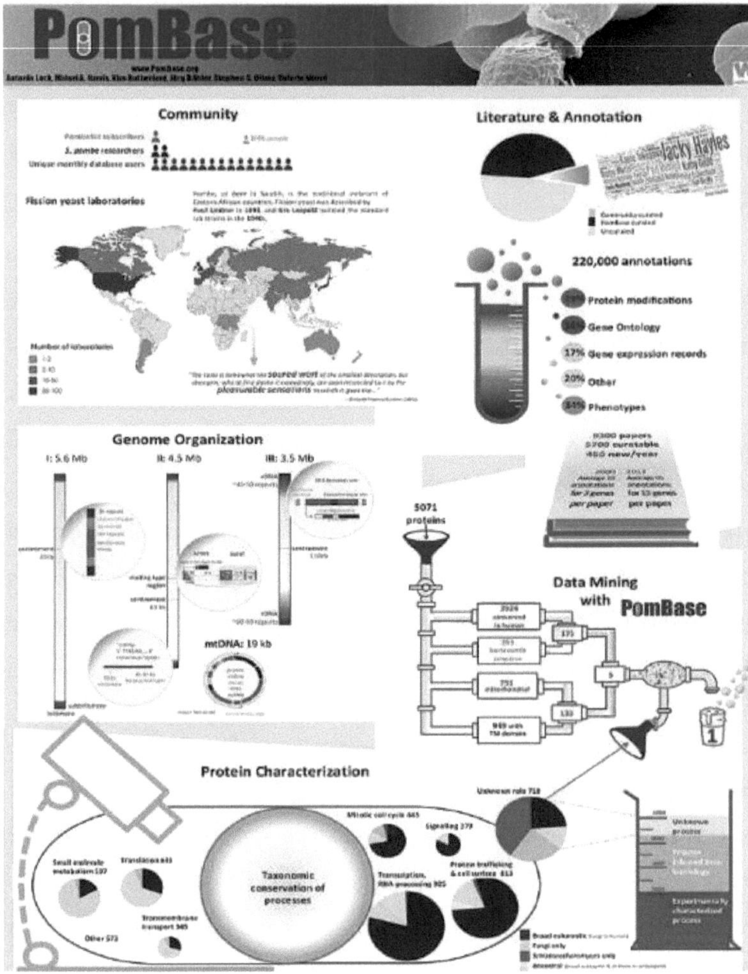

Curadoria de dados e controlo de qualidade:

A equipa da PomBase faz a curadoria manual de uma grande variedade de tipos de dados, utilizando tanto a literatura primária como fontes de bioinformática, e são utilizados vários mecanismos para garantir a validade do conteúdo sintático e biológico.

Os tipos de dados seleccionados incluem:

- Sequência e características do genoma (por exemplo, localização física dos genes no genoma)

- Funções das proteínas e dos ncRNA, processos celulares em que participam e onde se localizam

- Fenótipos associados a diferentes alelos e genótipos

- Locais específicos de modificação de proteínas e quando ocorrem

- Ortólogos humanos e de leveduras de brotamento de genes de *S. pombe* (conjunto de dados com curadoria manual)

- Metadados dos conjuntos de dados carregados no navegador do genoma

- Associações de doenças para quando se sabe que o ortólogo humano causa doenças

- Dados relativos ao momento em que os genes específicos são expressos

- Dados de complementação para os casos em que existe complementação funcional entre um gene da levedura de fissão e um gene de outro organismo

- Composição das subunidades dos complexos

Bases de dados de ARN

1. miRBase: a base de dados de microRNA
2. PolymiRTS: uma base de dados de variações de ADN em sítios-alvo putativos de microRNA
3. Rfam: uma base de dados de famílias de ARN

MiRBase:

A MiRBase é uma base de dados biológica que funciona como um arquivo de sequências e anotações de microRNA. Em setembro de 2010, continha informações sobre 15 172 microRNAs. Este número aumentou para 38 589 em março de 2018. O registo miRBase fornece um sistema centralizado para atribuir novos nomes aos genes de microRNA.

A miRBase cresceu a partir do recurso de registo de microRNA criado por Sam Griffiths-Jones em 2003.

De acordo com Ana Kozomara e Sam Griffiths-Jones, a miRBase tem cinco objectivos:[1]

1. Fornecer um sistema de designação coerente para os microRNAs
2. Proporcionar um local central de recolha de todas as sequências de microRNA conhecidas
3. Fornecer informações legíveis por humanos e por computador para cada microRNA
4. Para fornecer provas primárias para cada microRNA
5. Agregar e ligar a informação sobre alvos de microRNA

O MiRBase contém miRNAs pertencentes a várias espécies pertencentes a Alveolata, Chromalveolata, Metazoa, Mycetozoa, Viridiplantae e Vírus. Relativamente aos Viridiplantae, na versão 21 (2014) estão disponíveis dados relativos a 73 espécies. Isto inclui 4800 miRNAs maduros únicos e 8480 sequências precursoras.

A versão atual do MiRBase é a versão 22 (março de 2018).

O microRNA (abreviado **miRNA**) é uma pequena molécula de RNA não codificante de cadeia simples (contendo cerca de 22 nucleótidos) encontrada em plantas, animais e alguns vírus, que funciona no silenciamento do RNA e na regulação pós-transcricional da expressão genética. Os miRNAs funcionam através do emparelhamento de bases com sequências complementares nas moléculas de ARNm. Como resultado, estas moléculas de ARNm são silenciadas, por um ou mais dos seguintes processos: (1) clivagem da cadeia de ARNm em duas partes, (2) desestabilização do ARNm através do encurtamento da sua cauda poli(A), e (3) tradução menos eficiente do ARNm em proteínas pelos ribossomas.

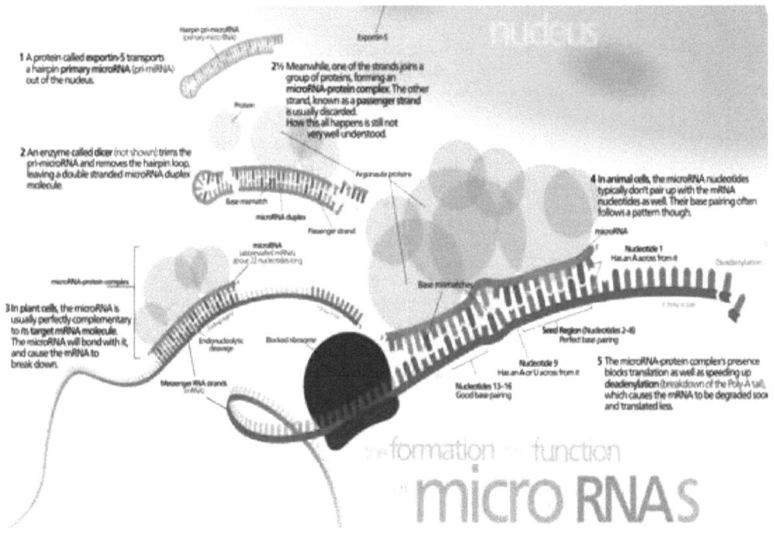

Polymorphism in microRNA Target Site (PolymiRTS) é uma base de dados de variações naturais do ADN em sítios-alvo putativos de microRNA.

Base de dados Rfam:

A Rfam é uma base de dados que contém informações sobre famílias de ARN não codificantes (ARNc) e outros elementos estruturados de ARN. Trata-se de uma base de dados anotada, de acesso livre, originalmente desenvolvida no Wellcome Trust Sanger Institute, em colaboração com Janelia Farm, e atualmente alojada no European Bioinformatics Institute. O Rfam foi concebido para ser semelhante à base de dados Pfam para anotação de famílias de proteínas. Ao contrário das proteínas, os ncRNAs têm frequentemente uma estrutura secundária semelhante sem partilharem muita semelhança na sequência primária. O Rfam divide os ncRNAs em famílias com base na evoluço a partir de um antepassado comum. A produção de alinhamentos de sequências múltiplas (MSA) destas famílias pode fornecer informações sobre a sua estrutura e função, à semelhança do que acontece com as famílias de proteínas. Estes MSAs tornam-se mais úteis com a adição de informação sobre a estrutura secundária. Os investigadores da Rfam também contribuem para o RNA WikiProjecte da Wikipedia

Utilizações:

A base de dados Rfam pode ser utilizada para uma variedade de funções. Para cada família de ncRNA, a interface permite aos utilizadores: visualizar e descarregar alinhamentos de sequências múltiplas; ler anotações; e examinar a distribuição de espécies dos membros da família. Também são fornecidas ligações para referências bibliográficas e outras bases de dados de ARN. A interface do sítio Web da Rfam permite aos utilizadores pesquisar ncRNAs por palavra-chave, nome da família ou genoma, bem como pesquisar por sequência de ncRNA ou número de acesso EMBL. As informações da base de dados também estão disponíveis para descarregamento, instalação e utilização utilizando o pacote de software INFERNAL. O pacote INFERNAL também pode ser utilizado com o Rfam para anotar sequências (incluindo genomas completos) para homólogos de ncRNAs conhecidos.

Bases de dados de aminoácidos / proteínas:

Bases de dados de sequências de proteínas

- DisProt: base de dados de evidências experimentais de desordens nas proteínas (Escola de Medicina da Universidade de Indiana, Universidade de Temple, Universidade de Pádua)
- InterPro: classifica as proteínas em famílias e prevê a presença de domínios e sítios
- MobiDB: base de dados de anotação de desordens intrínsecas das proteínas (Universidade de Pádua)
- neXtProt: um recurso de conhecimento centrado nas proteínas humanas
- Pfam: base de dados de famílias de proteínas de alinhamentos e HMMs (Instituto Sanger)
- PRINTS: um compêndio de impressões digitais de proteínas da (Universidade de Manchester)
- PROSITE: base de dados de famílias e domínios de proteínas
- Recurso de informação sobre proteínas (Centro Médico da Universidade de Georgetown [GUMC])
- SUPERFAMÍLIA: biblioteca de HMMs que representam superfamílias e base de dados de anotações (superfamília e família) para todos os organismos completamente sequenciados
- Swiss-Prot: base de conhecimentos sobre proteínas (Instituto Suíço de Bioinformática)
- NCBI: sequência de proteínas e base de conhecimentos (National Center for Biotechnology Information)

No domínio da bioinformática, uma base de dados de sequências é um tipo de base de dados biológica composta por uma grande coleção de sequências de ácidos nucleicos, sequências de proteínas ou outras sequências de polímeros armazenadas num computador. A base de dados UniProt é um exemplo de uma base de dados de sequências de proteínas. Em 2013, continha mais de 40 milhões de sequências e está a crescer a um ritmo exponencial. Historicamente, as sequências eram publicadas em papel, mas com o aumento do número de sequências, este método de armazenamento tornou-se insustentável.

A base de dados de proteínas é uma coleção de sequências de várias fontes, incluindo traduções de regiões de codificação anotadas no GenBank, RefSeq e TPA, bem como registos do SwissProt, PIR, PRF e PDB. As sequências de proteínas são os determinantes fundamentais da estrutura e função biológicas.

PIR:

O Protein Information Resource PIR, localizado no Georgetown University Medical Center, é um recurso público integrado de bioinformática para apoiar a investigação genómica e proteómica e estudos científicos. Contém bases de dados de sequências de proteínas

A PIR foi criada em 1984 pela National Biomedical Research Foundation como um recurso para ajudar investigadores e clientes na identificação e interpretação de informações sobre sequências de proteínas. Antes disso, a fundação compilou a primeira coleção abrangente de sequências macromoleculares no Atlas of Protein Sequence and Structure, publicado de 1964 a 1974 sob a direção de Margaret Dayhoff. Margaret Dayhoff e o seu grupo de investigação foram pioneiros no desenvolvimento de métodos informáticos para a comparação de sequências de proteínas, para a deteção de sequências relacionadas entre si e de duplicações dentro de sequências, e para a inferência de histórias evolutivas a partir de alinhamentos de sequências de proteínas.

Winona Barker e Robert Ledley assumiram a liderança do projeto após a morte de Dayhoff em 1983. Em 1999, Cathy H. Wu juntou-se à National Biomedical Research Foundation e, mais tarde, ao Georgetown University Medical Center, para dirigir os esforços de bioinformática do PIR, tendo sido primeiro Investigadora Principal e, desde 2001, Directora.

Durante quatro décadas, o PIR forneceu muitas bases de dados de proteínas e ferramentas de análise de acesso livre à comunidade científica, incluindo a Protein Sequence Database, a primeira base de dados internacional (ver PIR-International), que nasceu do Atlas of Protein Sequences and Structure. Em 2002, a PIR - juntamente com os seus parceiros internacionais, o Instituto Europeu de Bioinformática e o Instituto Suíço de Bioinformática - recebeu uma subvenção dos NIH para criar a UniProt, uma base de dados mundial única de sequências e funções de proteínas, unificando as bases de dados Protein Information Resource-Protein Sequence Database, Swiss-Prot e TrEMBL. A partir de 2010, o PIR oferece uma grande variedade de recursos orientados principalmente para ajudar a propagação e a normalização da anotação de proteínas: PIRSF, iProClass e iProLINK.

A Ontologia das Proteínas é outra base de dados popular lançada pelo Protein Information Resource.

Base de dados UniprotKB/ Swiss-Port

A UniProtKB/Swiss-Prot é uma base de dados de sequências de proteínas não redundantes, anotadas manualmente. Combina informações extraídas da literatura científica e análises computacionais avaliadas por biocuradores. O objetivo da UniProtKB/Swiss-Prot é fornecer todas as informações relevantes conhecidas sobre uma determinada proteína. A anotação é revista regularmente para se manter a par das descobertas científicas actuais. A anotação manual de uma entrada envolve uma análise pormenorizada da sequência da proteína e da literatura científica.

As sequências do mesmo gene e da mesma espécie são fundidas na mesma entrada da base de dados. As diferenças entre sequências são identificadas e a sua causa documentada (por exemplo, splicing alternativo, variação natural, locais de iniciação incorrectos, limites de exões incorrectos, frameshifts, conflitos não identificados). Na anotação das entradas UniProtKB/Swiss-Prot é utilizada uma série de ferramentas de análise de sequências. As previsões informáticas são avaliadas manualmente e os resultados relevantes são seleccionados para inclusão na entrada. Estas previsões incluem modificações pós-tradução, domínios transmembranares e topologia, péptidos sinalizadores, identificação de domínios e classificação de famílias de proteínas.

As publicações relevantes são identificadas através da pesquisa em bases de dados como a PubMed. O texto completo de cada artigo é lido e a informação é extraída e adicionada à entrada. A anotação resultante da literatura científica inclui, mas não se limita a:

- Nomes de proteínas e genes
- Função
- Informações específicas da enzima, como a atividade catalítica, cofactores e resíduos catalíticos

- Localização subcelular

- Interacções proteína-proteína

- Padrão de expressão

- Localizações e funções de domínios e sítios significativos

- Sítios de ligação a iões, substratos e cofactores

- Formas variantes de proteínas produzidas por variação genética natural, edição de RNA, splicing alternativo, processamento proteolítico e modificação pós-tradução

Os registos anotados são submetidos a um controlo de qualidade antes de serem incluídos no UniProtKB/Swiss-Prot. Quando estão disponíveis novos dados, as entradas são actualizadas.

Base de dados DisProt:

Em biologia molecular, a DisProt é uma coleção de bases de dados biológicas com curadoria de proteínas intrinsecamente não estruturadas. É um recurso comunitário que anota sequências de proteínas para regiões intrinsecamente desordenadas a partir da literatura. O DisProt classifica a desordem intrínseca com base em métodos experimentais e três ontologias para a função molecular, transição e parceiros de ligação.

Historicamente, o estudo das proteínas desordenadas tem sido dificultado pela falta de um recurso organizado que as reúna e às suas propriedades. A versão 7 do DisProt contém informações sobre mais de 800 proteínas. Cada entrada de proteína no DisProt é caracterizada por um identificador DisProt que tem a forma do prefixo DP seguido de um identificador de proteína de 5 dígitos. Por exemplo, DP00016 refere-se à proteína Cyclin-dependent kinase inhibitor 1. A versão 8 do DisProt contém mais de 1400 entradas não ambíguas e mais de 3000 regiões de proteínas desordenadas. O DisProt 8 também introduziu o conceito de um identificador de região DisProt estável. O DisProt tem sido amplamente utilizado para treinar métodos de software para prever regiões desordenadas em proteínas.

Além disso, o DisProt tem sido utilizado para compreender as propriedades das proteínas intrinsecamente não estruturadas.

MobiDB:

Em biologia molecular, **a MobiDB** é uma base de dados biológica com curadoria, concebida para oferecer um recurso centralizado para anotações de desordem intrínseca das proteínas. A desordem proteica é uma caraterística estrutural que caracteriza um grande número de proteínas com membros proeminentes conhecidos como proteínas intrinsecamente não estruturadas (ou desordenadas). A base de dados apresenta três níveis de anotação: com curadoria manual, indireta e prevista. Ao combinar diferentes fontes de dados sobre a desordem das proteínas numa anotação consensual, a MobiDB tem por objetivo dar a melhor imagem possível do "panorama da desordem" de uma determinada proteína de interesse.

Fontes de dados MobiDB:

Dados seleccionados e anotações **adicionais**

Os dados com curadoria para o MobiDB são obtidos a partir da base de dados DisProt, fornecendo informações e anotações de desordens extraídas manualmente da literatura. Para complementar a anotação de doenças, o MobiDB inclui anotações adicionais de fontes externas:

- UniProt: As anotações da base de dados UniProt incluem organismo, localização subcelular, especificidade tecidular, função, sítios relevantes, regiões relevantes, modificações pós-tradução e motivos lineares.
- Pfam: as anotações de domínios proteicos são apresentadas sob a forma de gráficos e são activadas por ligação, permitindo ao utilizador visitar a página Pfam correspondente para obter mais informações.

- PDB: A estrutura secundária é extraída do PDB sempre que disponível e apresentada sob a forma de gráficos e em 3D.
- STRING: Os interactivos conhecidos com provas em "base de dados" e "experimental" são apresentados numa tabela ordenável.

- Radiografia da PDB: Quando uma experiência cristalográfica é efectuada para tentar resolver a estrutura de uma proteína, há casos em que a posição de certos resíduos não pode ser determinada com precisão. Uma das causas possíveis para este facto é que o resíduo faz parte de uma região flexível/desordenada. Por esta razão, os resíduos em falta nas experiências de PDB são considerados uma indicação de desordem intrínseca.

- PDB NMR: Os ficheiros depositados de experiências NMR para a resolução da estrutura de proteínas contêm frequentemente vários modelos, representando diferentes conformações da mesma proteína. Ao calcular as diferenças entre as posições dos resíduos de cada modelo, é possível medir o grau de alteração dessas posições. Esta mudança pode ser interpretada como uma medida do grau de flexibilidade ou desordem da proteína. O servidor Web MOBI (do qual deriva o nome desta base de dados) automatiza estes cálculos tomando como entrada um ficheiro formatado PDB.

Base de dados SUPERFAMÍLIA:

SUPERFAMILY é uma base de dados e uma plataforma de pesquisa de anotação estrutural e funcional para todas as proteínas e genomas. Classifica as sequências de aminoácidos em domínios estruturais conhecidos, especialmente em superfamílias SCOP. Os domínios são unidades funcionais, estruturais e evolutivas que formam as proteínas. Os domínios de ancestralidade comum são agrupados em superfamílias. Os domínios e as superfamílias de domínios são definidos e descritos no SCOP. As superfamílias são grupos de proteínas que têm evidências estruturais que suportam um antepassado evolutivo comum, mas que podem não ter uma homologia de sequência detetável.

Pesquisa de sequências

Submeter uma sequência de proteínas ou de ADN para classificação SCOP ao nível da superfamília e da família utilizando os HMM SUPERFAMILY. As sequências podem ser submetidas através da introdução de dados em bruto ou do carregamento de um ficheiro, mas todas devem estar no formato FASTA. As sequências podem ser aminoácidos, uma sequência de nucleótidos de quadro fixo ou todos os quadros de uma sequência de nucleótidos apresentada. Podem ser executadas até 1000 sequências de cada vez.

Pesquisa por palavra-chave

Pesquise na base de dados utilizando um nome de superfamília, família ou espécie mais uma sequência, SCOP, PDB ou IDs HMM. Uma pesquisa bem sucedida fornece a classe, dobras, superfamílias, famílias e proteínas individuais que correspondem à consulta.

Atribuições de domínio

A base de dados tem atribuições de domínios, alinhamentos e arquitecturas para organismos eucarióticos e procarióticos completamente sequenciados, além de colecções de sequências.

Ferramentas de genómica comparativa

Navegue por superfamílias e famílias invulgares (sobre-representadas e sub-representadas), listas e gráficos de pares de domínios adjacentes, pares de domínios únicos, combinações de domínios, redes de coocorrência de arquitetura de domínios e distribuição de domínios em reinos taxonómicos para cada organismo.

Estatísticas do genoma

Para cada genoma: número de sequências, número de sequências com atribuição, percentagem de sequências com atribuição, percentagem de cobertura total da sequência, número de domínios atribuídos, número de superfamílias atribuídas, número de famílias atribuídas, tamanho médio da superfamília, percentagem produzida por duplicação, comprimento médio da sequência, comprimento médio correspondente, número de pares de domínios e número de arquitecturas de domínios únicas.

Ontologia de genes

Ontologia genética (GO) centrada no domínio, anotada automaticamente.

Devido ao crescente fosso entre as proteínas sequenciadas e as funções conhecidas das proteínas, torna-se cada vez mais importante desenvolver um método mais automatizado para anotar funcionalmente as proteínas, especialmente para as proteínas com domínios conhecidos. O SUPERFAMILY utiliza anotações GO ao nível da proteína retiradas do projeto Genome Ontology Annotation (GOA), que oferece anotações GO de alta qualidade diretamente associadas a proteínas no UniprotKB num vasto espetro de espécies. O SUPERFAMILY gerou anotações GO para domínios evolutivamente fechados (ao nível da família SCOP) e domínios distantes (ao nível da superfamília SCOP).

Ontologia do fenótipo

Ontologia de fenótipo/anatomia centrada no domínio, incluindo Ontologia de Doença, Fenótipo Humano, Fenótipo de Rato, Fenótipo de Verme, Fenótipo de Levedura, Fenótipo de Mosca, Anatomia de Mosca, Anatomia de Peixe Zebra, Anatomia de Xenopus e Planta de Arabidopsis.

Anotação de superfamília

Resumos InterPro para mais de 1.000 superfamílias e anotação Gene Ontology (GO) para mais de 700 superfamílias. Esta caraterística permite a anotação direta das principais características, funções e estruturas de uma superfamília.

Anotação funcional

Anotação funcional das superfamílias SCOP 1.73.

A base de dados SUPERFAMÍLIA utiliza um esquema de 50 categorias de funções pormenorizadas que correspondem a 7 categorias de funções gerais, semelhante ao esquema utilizado na base de dados COG. Uma função geral atribuída a uma superfamília foi utilizada para refletir a função principal dessa superfamília. As categorias gerais de função são:

1. Informação: armazenamento, manutenção do código genético; replicação e reparação do ADN; transcrição e tradução gerais.
2. Regulação: Regulação da expressão genética e da atividade proteica; processamento de informação em resposta a estímulos ambientais; transdução de sinais; regulação geral ou atividade recetora.
3. Metabolismo: Processos anabólicos e catabólicos; manutenção e homeostasia celular; metabolismo secundário.
4. Processos intracelulares: motilidade e divisão celular; morte celular; transporte intracelular; secreção.
5. Processos extracelulares: processos inter e extracelulares como a adesão celular; processos orgânicos como a coagulação do sangue ou o sistema imunitário.
6. Generalidades: Funções gerais e múltiplas; interacções com proteínas, lípidos, pequenas moléculas e iões.

7. Outros/Desconhecidos: uma função desconhecida, proteínas virais ou toxinas.

Cada superfamília de domínios das classes a a g do SCOP foi anotada manualmente utilizando este esquema e as informações utilizadas foram fornecidas pelo SCOP,[10] InterPro, Pfam, Swiss Prot e várias fontes bibliográficas.

Árvores filogenéticas

Crie árvores filogenéticas personalizadas seleccionando 3 ou mais genomas disponíveis no site SUPERFAMILY. As árvores são geradas utilizando métodos de parcimónia heurística e baseiam-se em dados de arquitetura de domínios proteicos para todos os genomas no SUPERFAMILY. As combinações de genomas, ou clados específicos, podem ser apresentados como árvores individuais.

Arquitecturas de domínio semelhantes

Esta caraterística permite ao utilizador encontrar as 10 arquitecturas de domínio que são mais semelhantes à arquitetura de domínio de interesse.

Modelos de Markov ocultos

Produzir atribuições de domínio SCOP para uma sequência utilizando os modelos ocultos de Markov da SUPER FAMÍLIA.

Comparação de perfis

Encontrar correspondências de domínios remotos quando a pesquisa HMM não consegue encontrar uma correspondência significativa. É utilizada a comparação de perfis (PRC) para alinhar e pontuar dois HMMs de perfil.

Serviços Web

Servidor de Anotação Distribuída e ligação ao SUPERFAMILY.

Base de dados Pfam

A Pfam é uma base de dados de famílias de proteínas que inclui as suas anotações e alinhamentos de sequências múltiplas gerados utilizando modelos ocultos de Markov. A versão mais recente, Pfam 34.0, foi lançada em março de 2021 e contém 19 179 famílias

O objetivo geral da base de dados Pfam é fornecer uma classificação completa e precisa das famílias e domínios de proteínas. Inicialmente, o objetivo da criação da base de dados era dispor de um método semi-automatizado de curadoria de informações sobre famílias de proteínas conhecidas para melhorar a eficiência da anotação de genomas. A classificação Pfam das famílias de proteínas foi amplamente adoptada pelos biólogos devido à sua ampla cobertura de proteínas e às convenções de nomenclatura sensatas.

É utilizada por biólogos experimentais que investigam proteínas específicas, por biólogos estruturais para identificar novos alvos para a determinação de estruturas, por biólogos computacionais para organizar sequências e por biólogos evolucionistas que traçam as origens das proteínas. Os primeiros projectos de genoma, como o humano e o da mosca, utilizaram extensivamente a Pfam para a anotação funcional de dados genómicos.

O sítio Web Pfam permite aos utilizadores submeter sequências de proteínas ou de ADN para procurar correspondências com famílias da base de dados. Se for submetido ADN, é efectuada uma tradução de seis quadros e, em seguida, cada quadro é pesquisado. Em vez de efetuar uma pesquisa BLAST típica, o Pfam utiliza modelos de Markov ocultos de perfil, que dão maior peso às correspondências em sítios conservados, permitindo uma melhor deteção de homologia remota, tornando-os mais adequados para anotar genomas de organismos sem parentes próximos bem anotados.

O Pfam foi também utilizado na criação de outros recursos, como o iPfam, que cataloga as interacções domínio-domínio no interior das proteínas e entre elas, com base em informações contidas em bases de dados de estruturas e no mapeamento dos domínios Pfam nessas estruturas.

Características:

Para cada família em Pfam é possível:

- Ver uma descrição da família
- Ver vários alinhamentos
- Ver arquitecturas de domínios de proteínas
- Examinar a distribuição das espécies
- Seguir ligações para outras bases de dados
- Ver estruturas de proteínas conhecidas

As entradas podem ser de vários tipos: família, domínio, repetição ou motivo. Família é a classe por defeito, que indica simplesmente que os membros estão relacionados. Os domínios são definidos como uma unidade estrutural autónoma ou uma unidade de sequência reutilizável que pode ser encontrada em múltiplos contextos proteicos. As repetições não são normalmente estáveis isoladamente, mas são normalmente necessárias para formar repetições em tandem de modo a formar um domínio ou uma estrutura alargada. Os motivos são normalmente unidades de sequência mais curtas que se encontram fora dos domínios globulares.

As descrições das famílias Pfam são geridas pelo público em geral através da Wikipédia (ver História).

A partir da versão 29.0, 76,1% das sequências de proteínas no UniprotKB correspondiam a pelo menos um domínio Pfam.

Base de dados PRINTS:

A base de dados PRINTS é uma coleção das chamadas "impressões digitais": fornece um recurso de anotação pormenorizado para famílias de proteínas e uma ferramenta de diagnóstico para sequências recentemente determinadas. Uma impressão digital é um grupo de motivos conservados retirados de um alinhamento de sequências múltiplas - em conjunto, os motivos formam uma assinatura caraterística da família de proteínas alinhada. Os motivos em si não são necessariamente contíguos na sequência, mas podem juntar-se no espaço 3D para definir locais de ligação molecular ou superfícies de interação. A força específica de diagnóstico das impressões digitais reside na sua capacidade de distinguir diferenças de sequência ao nível do clã, da superfamília, da família e da subfamília. Isto permite diagnósticos funcionais de pormenor de sequências não caracterizadas, permitindo, por exemplo, a discriminação entre membros da família com base nos ligandos a que se ligam ou nas proteínas com que interagem, e destacando potenciais locais de oligomerização ou alostéricos.

PRINTS é um parceiro fundador do recurso integrado InterPro, uma base de dados amplamente utilizada de famílias de proteínas, domínios e sítios funcionais.

Base de dados PROSITE:

PROSITE é uma base de dados de proteínas. É constituída por entradas que descrevem as famílias de proteínas, os domínios e os sítios funcionais, bem como os padrões e perfis de aminoácidos nelas contidos. Estas entradas são seleccionadas manualmente por uma equipa do Instituto Suíço de Bioinformática e fortemente integradas na anotação de proteínas Swiss-Prot. O PROSITE foi criado em 1988 por Amos Bairoch, que dirigiu o grupo durante mais de 20 anos. Desde julho de 2018, o diretor do PROSITE e do Swiss-Prot é Alan Bridge.

As utilizações do PROSITE incluem a identificação de possíveis funções de proteínas recentemente descobertas e a análise de proteínas conhecidas para actividades anteriormente indeterminadas. As propriedades de genes bem estudados podem ser propagadas a organismos biologicamente relacionados e, para genes diferentes ou pouco conhecidos, as funções bioquímicas podem ser previstas a partir de semelhanças. O PROSITE oferece ferramentas para análise de sequências de proteínas e deteção de motivos (ver motivos de sequência, padrões PROSITE). Faz parte dos servidores de análise proteómica ExPASy.

A base de dados ProRule baseia-se nas descrições de domínios do PROSITE. Fornece informações adicionais sobre aminoácidos funcional ou estruturalmente críticos. As regras contêm informações sobre resíduos biologicamente significativos, como sítios activos, sítios de ligação a substratos ou co-factores, sítios de modificação pós-traducional ou ligações dissulfureto, para ajudar a determinar a função. Estas podem gerar automaticamente anotações baseadas em motivos PROSITE.

(PDB):

O Protein Data Bank (PDB) é uma base de dados que contém dados estruturais tridimensionais de grandes moléculas biológicas, como as proteínas e os ácidos nucleicos. Os dados, normalmente obtidos por cristalografia de raios X, espetroscopia de RMN ou, cada vez mais, microscopia crioelectrónica, e apresentados por biólogos e bioquímicos de todo o mundo, estão livremente acessíveis na Internet através dos sítios Web das suas organizações membros (PDBe, PDBj, RCSB e BMRB). O PDB é supervisionado por uma organização designada por Banco Mundial de Dados sobre Proteínas, wwPDB.

O PDB é fundamental em áreas da biologia estrutural, como a genómica estrutural. A maioria das principais revistas científicas e algumas agências de financiamento exigem atualmente que os cientistas enviem os seus dados estruturais para o PDB. Muitas outras bases de dados utilizam estruturas de proteínas depositadas no PDB. Por exemplo, a SCOP e a CATH classificam as estruturas proteicas, enquanto a PDBsum fornece uma panorâmica gráfica das entradas da PDB utilizando informações de outras fontes, como a ontologia genética

Duas forças convergiram para dar início à APO: uma pequena, mas crescente, coleção de conjuntos de dados sobre a estrutura das proteínas, determinados por difração de raios X; e o recém-disponível (1968) ecrã de gráficos moleculares, o Brookhaven RAster Display (BRAD), para visualizar estas estruturas proteicas em 3-D. Em 1969, com o patrocínio de Walter Hamilton no Laboratório Nacional de Brookhaven, Edgar Meyer (Universidade A&M do Texas) começou a escrever software para armazenar ficheiros de coordenadas atómicas num formato comum, tornando-os disponíveis para avaliação geométrica e gráfica. Em 1971, um dos programas de Meyer, o SEARCH, permitiu aos investigadores aceder remotamente a informações da base de dados para estudar estruturas proteicas offline. O SEARCH foi fundamental para permitir a ligação em rede, marcando assim o início funcional da PDB.

O Protein Data Bank foi anunciado em outubro de 1971 na revista Nature New Biology como uma empresa comum entre o Cambridge Crystallographic Data Centre, Reino Unido, e o Brookhaven National Laboratory, EUA.

Após a morte de Hamilton em 1973, Tom Koeztle assumiu a direção do PDB durante os 20 anos seguintes. Em janeiro de 1994, Joel Sussman, do Instituto Weizmann de Ciências de Israel, foi nomeado diretor do PDB. Em outubro de 1998, o PDB foi transferido para o Research Collaboratory for Structural Bioinformatics (RCSB); a transferência ficou concluída em junho de 1999. A nova directora foi Helen M. Berman da Universidade Rutgers (uma das instituições gestoras do RCSB, sendo a outra o San Diego Supercomputer Center da UC San Diego). Em 2003, com a formação do wwPDB, o PDB tornou-se uma organização internacional. Os membros fundadores são o PDBe (Europa), o RCSB (EUA) e o PDBj (Japão). O BMRB aderiu em 2006. Cada um dos quatro membros da wwPDB pode atuar como centro de depósito, processamento de dados e distribuição de dados da PDB. O processamento de dados refere-se ao facto de a equipa do wwPDB rever e anotar cada entrada submetida. Os dados são então automaticamente verificados quanto à sua plausibilidade (o código fonte para este software de validação foi disponibilizado gratuitamente ao público).

Formato do ficheiro:

O formato de ficheiro inicialmente utilizado pela PDB chamava-se formato de ficheiro PDB. O formato original era limitado pela largura dos cartões perfurados de computador a 80 caracteres por linha. Por volta de 1996, o formato "ficheiro de informação cristalográfica macromolecular", mmCIF, que é uma extensão do formato CIF, foi introduzido gradualmente. mmCIF tornou-se o formato padrão para o arquivo PDB em 2014. Em 2019, o wwPDB anunciou que as deposições de métodos cristalográficos só seriam aceites no formato mmCIF.

Em 2005, foi descrita uma versão XML da PDB, designada PDBML. Os ficheiros de estrutura podem ser descarregados em qualquer um destes três formatos, embora um número crescente de estruturas não se adapte ao formato PDB antigo. Os ficheiros individuais são facilmente descarregados para pacotes gráficos a partir de URLs da Internet:

- Para ficheiros de formato PDB, utilizar, por exemplo, http://www.pdb.org/pdb/files/4hhb.pdb.gz ou http://pdbe.org/download/4hhb

- Para ficheiros PDBML (XML), utilizar, por exemplo, http://www.pdb.org/pdb/files/4hhb.xml.gz ou http://pdbe.org/pdbml/4hhb

O "4hhb" é o identificador da PDB. Cada estrutura publicada na PDB recebe um identificador alfanumérico de quatro caracteres, o seu ID PDB. (Este não é um identificador único para biomoléculas, porque várias estruturas para a mesma molécula - em diferentes ambientes ou conformações - podem estar contidas no PDB com diferentes IDs PDB).

(SCOP):

A base de dados da Classificação Estrutural das Proteínas (SCOP) é uma classificação largamente manual dos domínios estruturais das proteínas com base nas semelhanças das suas estruturas e sequências de aminoácidos. Uma motivação para esta classificação é determinar a relação evolutiva entre as proteínas. As proteínas com as mesmas formas, mas com pouca semelhança de sequência ou funcional, são colocadas em superfamílias diferentes e presume-se que tenham apenas um antepassado comum muito distante. As proteínas com a mesma forma e alguma semelhança de sequência e/ou função são colocadas em "famílias" e presume-se que tenham um antepassado comum mais próximo.

À semelhança das bases de dados CATH e Pfam, a SCOP fornece uma classificação de domínios estruturais individuais de proteínas, em vez de uma classificação de proteínas completas que podem incluir um número significativo de domínios diferentes.

A base de dados SCOP é de acesso livre na Internet. A SCOP foi criada em 1994 no Centro de Engenharia de Proteínas e no Laboratório de Biologia Molecular. Foi mantida por Alexey G. Murzin e seus colegas no Centro de Engenharia de Proteínas até ao seu encerramento em 2010 e, posteriormente, no Laboratório de Biologia Molecular em Cambridge, Inglaterra.

O trabalho no SCOP 1.75 foi interrompido em 2014. Desde então, a equipa SCOPe da Universidade da Califórnia em Berkeley tem sido responsável pela atualização da base de dados de forma compatível, com uma combinação de métodos automatizados e manuais. Em abril de 2019, a versão mais recente era a SCOPe 2.07 (março de 2018).

A nova base de dados da Classificação Estrutural de Proteínas versão 2 (SCOP2) foi lançada no início de 2020. A nova atualização incluía um esquema de base de dados melhorado, uma nova API e uma interface Web modernizada. Esta foi a atualização mais significativa do grupo de Cambridge desde a SCOP 1.75 e baseia-se nos avanços do esquema do protótipo da SCOP 2

A fonte das estruturas proteicas é o Protein Data Bank. A unidade de classificação da estrutura no SCOP é o domínio proteico. O que os autores do SCOP querem dizer com "domínio" é sugerido pela sua afirmação de que as proteínas pequenas e a maioria das médias têm apenas um domínio, e pela observação de que a hemoglobina humana, que tem uma estrutura $\alpha_2 \beta_2$, tem dois domínios SCOP, um para a subunidade α e outro para a subunidade β.

As formas dos domínios são designadas por "dobras" no SCOP. Os domínios pertencentes à mesma dobra têm as mesmas estruturas secundárias principais na mesma disposição e com as mesmas ligações topológicas. Na versão 1.75 do SCOP são apresentadas 1195 dobras. São apresentadas breves descrições de cada dobra. Por exemplo, a dobra "globina-like" é descrita como *núcleo: 6 hélices; folha dobrada, parcialmente aberta*. A dobra a que pertence um domínio é determinada por inspeção, e não por software.

Os níveis da versão 1.75 da SCOP são os seguintes

1. Classe: Tipos de dobras, por exemplo, folhas beta.
2. Dobras: As diferentes formas dos domínios dentro de uma classe.
3. Superfamília: Os domínios de uma dobra são agrupados em superfamílias, que têm pelo menos um ancestral comum distante.
4. Família: Os domínios de uma superfamília são agrupados em famílias, que têm um antepassado comum mais recente.
5. Domínio proteico: Os domínios das famílias são agrupados em domínios proteicos, que são essencialmente a mesma proteína.
6. Espécies: Os domínios em "domínios de proteínas" estão agrupados de acordo com a espécie.
7. Domínio: parte de uma proteína. Para proteínas simples, pode ser a proteína inteira.

Base de dados CATH :

A base de dados CATH Protein Structure Classification é um recurso em linha gratuito e publicamente disponível que fornece informações sobre as relações evolutivas dos domínios proteicos. Foi criada em meados da década de 1990 pela Professora Christine Orengo e colegas, incluindo Janet Thornton e David Jones, e continua a ser desenvolvida pelo grupo Orengo na University College London. O CATH partilha muitas características gerais com o recurso SCOP, mas há também muitas áreas em que a classificação pormenorizada difere bastante.

As estruturas tridimensionais de proteínas determinadas experimentalmente são obtidas do Protein Data Bank e divididas nas suas cadeias polipeptídicas consecutivas, quando aplicável. Os domínios proteicos são identificados dentro destas cadeias utilizando uma mistura de métodos automáticos e curadoria manual.

Os domínios são então classificados na hierarquia estrutural CATH: ao nível da Classe (C), os domínios são atribuídos de acordo com o conteúdo da sua estrutura secundária, ou seja ao nível da Arquitetura (A), são utilizadas para a atribuição informações sobre a disposição da estrutura secundária no espaço tridimensional; ao nível da Topologia/Dobra (T), são utilizadas informações sobre a forma como os elementos da estrutura secundária estão ligados e dispostos; são feitas atribuições ao nível da Superfamília Homóloga (H) se houver boas provas de que os domínios estão relacionados por evolução, ou seja, são homólogos.

The four main levels of the CATH hierarchy:

#	Level	Description
1	Class	the overall secondary-structure content of the domain. (Equivalent to the SCOP Class)
2	Architecture	high structural similarity but no evidence of homology.
3	Topology/fold	a large-scale grouping of topologies which share particular structural features (Equivalent to the 'fold' level in SCOP)
4	Homologous superfamily	indicative of a demonstrable evolutionary relationship. (Equivalent to SCOP superfamily)

<u>**Bases de dados de modelos de proteínas**</u>

- ModBase: base de dados de modelos comparativos de estrutura de proteínas (Sali Lab, UCSF)
- Similarity Matrix of Proteins (SIMAP): base de dados de semelhanças de proteínas calculadas utilizando FASTA
- Swiss-model: servidor e repositório de modelos de estrutura de proteínas
- AAindex: base de dados de índices de aminoácidos, matrizes de mutação de aminoácidos e potenciais de contacto de pares

ModBase:

A ModBase é uma base de dados de modelos de estruturas proteicas comparativas anotadas, contendo modelos para mais de 3,8 milhões de sequências proteicas únicas. Os modelos são criados pelo pipeline de modelação comparativa ModPipe, que se baseia no programa MODELLER.

O ModBase é desenvolvido no laboratório de Andrej Sali na UCSF. Os modelos ModBase também estão acessíveis através do Protein Model Portal.

(SIMAP)

A Similarity Matrix of Proteins (SIMAP) é uma base de dados de semelhanças entre proteínas criada através de computação distribuída. É de acesso livre para fins científicos. O SIMAP utiliza o algoritmo FASTA para pré-calcular a semelhança entre proteínas, enquanto outra aplicação utiliza modelos ocultos de Markov para procurar domínios de proteínas.

O SIMAP é um projeto conjunto da Universidade Técnica de Munique, do Helmholtz Zentrum München e da Universidade de Viena.

MODELO **SUÍÇO**

SWISS-MODEL é um servidor Web de bioinformática estrutural dedicado à modelação por homologia de estruturas proteicas 3D. A modelação por homologia é atualmente o método mais preciso para gerar modelos fiáveis de estruturas tridimensionais de proteínas e é utilizada regularmente em muitas aplicações práticas. Os métodos de modelação por homologia (ou comparativa) utilizam estruturas proteicas experimentais ("modelos") para construir modelos de proteínas evolutivamente relacionadas ("alvos").

Atualmente, o SWISS-MODEL é constituído por três componentes fortemente integrados: (1) O SWISS-MODEL pipeline - um conjunto de ferramentas de software e bases de dados para a modelação automatizada da estrutura de proteínas, (2) O SWISS-MODEL Workspace - um banco de trabalho gráfico para o utilizador baseado na Web, (3) O SWISS-MODEL Repository - uma base de dados continuamente actualizada de modelos de homologia para um conjunto de proteomas de organismos modelo de elevado interesse biomédico. O pipeline SWISS-MODEL compreende os quatro passos principais que estão envolvidos na construção de um modelo de homologia de uma determinada estrutura proteica:

Espaço de trabalho

O SWISS-MODEL Workspace integra programas e bases de dados necessários para a modelação da estrutura de proteínas num espaço de trabalho baseado na Web. Dependendo da complexidade da tarefa de modelação, podem ser aplicados diferentes modos de utilização, nos quais o utilizador tem diferentes níveis de controlo sobre passos de modelação individuais: modo automatizado, modo de alinhamento e modo de projeto.

Um modo totalmente automatizado é utilizado quando uma identidade de sequência suficientemente elevada entre o alvo e o modelo (>50%) não permite qualquer intervenção humana. Neste caso, apenas a sequência ou o código de acesso UniProt da proteína é necessário como entrada. O modo de alinhamento permite ao utilizador introduzir os seus próprios alinhamentos alvo-modelo a partir dos quais se inicia o procedimento de modelação (ou seja, a etapa de procura de modelos é ignorada e raramente são feitas apenas pequenas alterações no alinhamento fornecido). O modo de projeto é utilizado em casos mais difíceis, quando são necessárias correcções manuais dos alinhamentos alvo-modelo para melhorar a qualidade do modelo resultante. Neste modo, a entrada é um ficheiro de projeto que pode ser gerado pela ferramenta de visualização e análise estrutural DeepView (Swiss Pdb Viewer), para permitir ao utilizador examinar e manipular o alinhamento modelo-alvo no seu contexto estrutural. Em todos os três casos, o resultado é um ficheiro pdb com as coordenadas atómicas do modelo ou um ficheiro de projeto DeepView. As quatro etapas principais da modelação de homologia podem ser repetidas iterativamente até se obter um modelo satisfatório.

O SWISS-MODEL Workspace é acessível através do servidor Web ExPASy, ou pode ser utilizado como parte do programa DeepView (Swiss Pdb-Viewer). Em setembro de 2015, foi citado 20000 vezes na literatura científica, o que o torna uma das ferramentas mais utilizadas para a modelação de estruturas proteicas. A ferramenta é gratuita para uso académico.

1. Identificação do(s) modelo(s) estrutural(ais). O BLAST e o HHblits são utilizados para identificar modelos. Os modelos são armazenados na SWISS-MODEL Template Library (SMTL), que é derivada do PDB.

2. Alinhamento da sequência alvo e da(s) estrutura(s) modelo.

3. Construção de modelos e minimização de energia. O SWISS-
MODEL implementa uma abordagem de montagem de fragmentos
rígidos para modelação.

4. Avaliação da qualidade do modelo através do QMEAN, um
potencial estatístico de força média.

Base de dados AAindex:

AAindex é uma base de dados de índices de aminoácidos, matrizes de mutação de aminoácidos e potenciais de contacto de pares. Os dados representam várias propriedades físico-químicas e bioquímicas de aminoácidos e pares de aminoácidos.

Bases de dados de expressão de proteínas:

Atlas das Proteínas Humanas: tem como objetivo mapear todas as proteínas humanas em células, tecidos e órgãos O Atlas das Proteínas Humanas (HPA) é um programa sueco iniciado em 2003 com o objetivo de mapear todas as proteínas humanas em células, tecidos e órgãos, utilizando a integração de várias tecnologias ómicas, incluindo a imagiologia baseada em anticorpos, a proteómica baseada na espetrometria de massa, a transcriptómica e a biologia de sistemas. Todos os dados do recurso de conhecimento são de acesso aberto para permitir que os cientistas, tanto no meio académico como na indústria, acedam livremente aos dados para explorar o proteoma humano. Em novembro de 2021, foi lançada a versão 21. Foram adicionados muitos dados e conteúdos novos e o recurso inclui agora dez secções separadas com informações complementares sobre todas as proteínas humanas. Todos os dados foram actualizados nas cerca de 15 milhões de páginas Web individuais. O programa Atlas de Proteínas Humanas já contribuiu para vários milhares de publicações no domínio da biologia humana e da doença e foi selecionado pela organização ELIXIR como um recurso central europeu devido à sua importância fundamental para uma comunidade mais vasta de ciências da vida. O consórcio HPA é financiado pela Fundação Knut e Alice Wallenberg

O Human Protein Atlas é composto por dez secções:

- A secção Tissue do Human Protein Atlas centra-se nos perfis de expressão de genes nos tecidos humanos, tanto ao nível do ARNm como das proteínas. Os dados de expressão proteica de 44 tipos de tecidos humanos normais derivam da caraterização de proteínas com base em anticorpos, utilizando imunohistoquímica. Todas as imagens subjacentes de tecidos normais corados por imunohistoquímica estão disponíveis juntamente com a anotação baseada no conhecimento dos níveis de expressão das proteínas.

- A secção Cérebro fornece um perfil espacial abrangente do cérebro, incluindo uma panorâmica da expressão de proteínas no cérebro dos mamíferos com base na integração de dados de humanos, porcos e ratos. Os dados transcriptómicos combinados com a localização in situ de proteínas baseada na afinidade até ao pormenor de uma única célula estão disponíveis neste subatlas centrado no cérebro do Atlas das Proteínas Humanas. Os dados apresentados dizem respeito a genes humanos e aos seus ortólogos um-para-um no porco e no rato. As páginas de resumo dos genes fornecem a paisagem de expressão hierárquica de 13 regiões principais do cérebro para núcleos e subcampos individuais para cada gene codificador de proteínas. Para proteínas seleccionadas, estão disponíveis imagens de alto conteúdo para explorar a distribuição celular e subcelular das proteínas. Além disso, a secção Brain (Cérebro) contém listas de genes com expressão elevada numa ou num grupo de regiões para ajudar o utilizador a identificar perfis de expressão de proteínas únicos ligados à fisiologia e à função.

Bases de dados de vias de transdução de sinais:

- Base de dados de interação de vias da NCI-Natureza
- Netpath: recurso de curadoria de vias de transdução de sinal em seres humanos
- Reactome: mapa navegável das vias biológicas humanas, desde os processos metabólicos à sinalização hormonal (Instituto de Investigação do Cancro do Ontário, Instituto Europeu de Bioinformática, NYU Langone Medical Center, Cold Spring Harbor Laboratory)
- WikiPathways

A Pathway Interaction Database (PID) é uma base de dados biomédica gratuita de vias de sinalização celular humana. A base de dados contém informações sobre as interacções e reacções moleculares que ocorrem nas células, com especial destaque para os processos que podem ser relevantes para a investigação e o tratamento do cancro. A base de dados foi criada em colaboração entre o Instituto Nacional do Cancro dos EUA, o NIH e o Nature Publishing Group em 2005 e foi lançada em novembro de 2006. Em setembro de 2012, a curadoria ativa foi interrompida e os dados da PID estão agora disponíveis no Network Data Exchange, NDEx

O NetPath é um recurso de curadoria manual de vias de transdução de sinal humanas. É um esforço conjunto entre o Laboratório Pandey da Universidade Johns Hopkins e o Instituto de Bioinformática (IOB), Bangalore, Índia, e é também trabalhado por outras partes.

O NetPath aloja 45 vias de sinalização, incluindo 10 vias com um papel importante na regulação do sistema imunitário e 10 vias com relevância para a regulação do cancro.

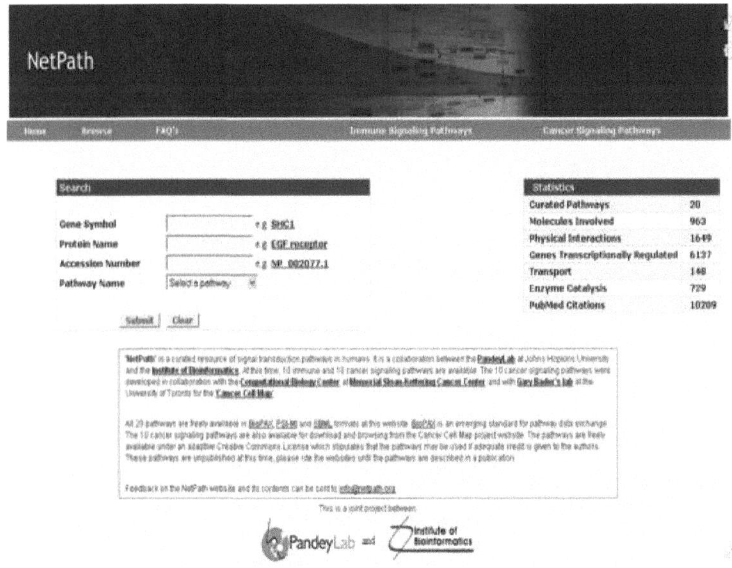

Vias de sinalização imunitária:

As seguintes vias de sinalização imunitária estão alojadas no Netpath:

- Via dos receptores de células B
- Via do recetor de células T
- Via da interleucina-1
- Via da interleucina-2
- Via da interleucina-3
- Via da interleucina-4
- Via da interleucina-5
- Via da interleucina-6
- Via da interleucina-7

- Via da interleucina-9

Vias de sinalização do cancro:

As vias de sinalização do cancro foram desenvolvidas em colaboração com o Centro de Biologia Computacional do Memorial Sloan-Kettering Cancer Center e com o Bader Lab da Universidade de Toronto para o "Cancer Cell Map". As seguintes vias de sinalização do cancro estão alojadas no Netpath:

- Via do recetor do fator de crescimento epidérmico
- Via do recetor do fator de crescimento transformador beta
- Via do fator de necrose tumoral alfa
- Via da integrina Alfa6 Beta4
- Inibidor da via de ligação do ADN
- Via Hedgehog
- Via Notch
- Via Wnt
- Via do recetor de androgénio
- Via do recetor do kit

O Reactome é uma base de dados em linha gratuita de vias biológicas. Existem vários Reactomes que se concentram em organismos específicos, o maior dos quais se centra na biologia humana. A descrição que se segue centra-se no Reactome humano. É da autoria de biólogos especializados, em colaboração com a equipa editorial do Reactome, que são todos biólogos de nível de doutoramento. O conteúdo tem referências cruzadas com muitas bases de dados bioinformáticas. A lógica subjacente ao Reactome consiste em representar visualmente as vias biológicas com todo o pormenor mecanicista, disponibilizando simultaneamente os dados de origem num formato computacionalmente acessível.

O sítio Web pode ser utilizado para pesquisar vias e apresentar dados a um conjunto de ferramentas de análise de dados. Os dados subjacentes podem ser descarregados na íntegra numa série de formatos normalizados, incluindo PDF, SBML e BioPAX. Os diagramas das vias utilizam um estilo baseado na Notação Gráfica da Biologia dos Sistemas (SBGN).

A unidade central do modelo de dados Reactome é a reação. As entidades (ácidos nucleicos, proteínas, complexos e pequenas moléculas) que participam nas reacções formam uma rede de interacções biológicas e são agrupadas em vias. Exemplos de vias biológicas no Reactome incluem a sinalização, a função imunitária inata e adquirida, a regulação da transcrição, a tradução, a apoptose e o metabolismo intermediário clássico.

As vias representadas no Reactome são específicas de cada espécie, sendo cada passo da via apoiado por citações da literatura que contêm uma verificação experimental do processo representado. Se não existir uma verificação experimental utilizando reagentes humanos, as vias podem conter etapas inferidas manualmente a partir de pormenores experimentais não humanos, mas apenas se um biólogo especialista, designado como autor da via, e um segundo biólogo, designado como revisor, concordarem que se trata de uma inferência válida. As vias humanas são utilizadas para gerar computacionalmente, através de um processo baseado na ortologia, vias derivadas noutros organismos.

O Instituto Europeu de Bioinformática (EMBL-EBI) é uma Organização Intergovernamental (OIG) que, como parte da família do Laboratório Europeu de Biologia Molecular (EMBL), se concentra na investigação e nos serviços de bioinformática. Está localizado no Wellcome Genome Campus, em Hinxton, perto de Cambridge, e emprega mais de 600 funcionários equivalentes a tempo inteiro (FTE). Líderes do instituto, como Rolf Apweiler, Alex Bateman, Ewan Birney e Guy

Cochrane, consultor do Conselho Consultivo Científico do Centro Nacional de Dados Genómicos, fazem parte da rede internacional de investigação do BIG Data Center do Instituto de Genómica de Pequim.

Além disso, o EMBL-EBI organiza programas de formação que ensinam aos cientistas os fundamentos do trabalho com dados biológicos e promovem a multiplicidade de ferramentas bioinformáticas disponíveis para a sua investigação, tanto baseadas no EMBL-EBI como não baseadas no EMBL-EBI.

Serviços de bioinformática

Uma das funções do EMBL-EBI é indexar e manter dados biológicos num conjunto de bases de dados, incluindo Ensembl (que contém dados de sequências de genomas completos), UniProt (base de dados de sequências e anotações de proteínas) e Protein Data Bank (base de dados de estruturas terciárias de proteínas e ácidos nucleicos). É fornecida uma variedade de serviços e ferramentas em linha, como a Basic Local Alignment Search Tool (BLAST) ou a ferramenta de alinhamento de sequências Clustal Omega, que permitem uma análise mais aprofundada dos dados.

BLAST:

O BLAST é um algoritmo para a comparação da estrutura primária de biomacromoléculas, mais frequentemente a sequência de nucleótidos de ADN/ARN e a sequência de aminoácidos de proteínas, armazenadas nas bases de dados bioinformáticas, com a sequência de consulta. O algoritmo utiliza a pontuação das sequências disponíveis em relação à consulta através de uma matriz de pontuação como a BLOSUM 62. As sequências com maior pontuação representam os parentes mais próximos da consulta, em termos de semelhança funcional e evolutiva.

A pesquisa de bases de dados por BLAST requer que os dados de entrada estejam num formato correto (por exemplo, formato FASTA, GenBank,

PIR ou EMBL). Os utilizadores podem também designar as bases de dados específicas a pesquisar, selecionar as matrizes de pontuação a utilizar e outros parâmetros antes da execução da ferramenta. As melhores respostas nos resultados BLAST são ordenadas de acordo com o seu valor E calculado (a probabilidade da presença de uma resposta com pontuação semelhante ou superior na base de dados por acaso).

Clustal Omega

O Clustal Omega é uma ferramenta de alinhamento de sequências múltiplas (MSA) que permite encontrar um alinhamento ótimo de, no mínimo, três e, no máximo, 4000 sequências de ADN e proteínas de entrada. O algoritmo Clustal Omega utiliza dois perfis de modelos ocultos de Markov (HMMs) para obter o alinhamento final das sequências. O resultado do Clustal Omega pode ser visualizado numa árvore-guia (a relação filogenética das sequências de melhor emparelhamento) ou ordenado pela semelhança mútua das sequências entre as consultas. A principal vantagem do Clustal Omega em relação a outras ferramentas MSA (Muscle, ProbCons) é a sua eficiência, mantendo uma precisão significativa dos resultados.

Ensembl:

Sediada no EMBL-EBI, a Ensembl é uma base de dados organizada em torno de dados genómicos, mantida pelo Projeto Ensembl. Encarregado da anotação contínua dos genomas de organismos modelo, o Ensembl fornece aos investigadores um recurso abrangente de informações biológicas relevantes sobre cada genoma específico. A anotação dos genomas de referência armazenados é automática e baseada em sequências. O Ensembl engloba uma base de dados de genomas publicamente disponível, à qual se pode aceder através de um navegador Web. É possível interagir com os dados armazenados utilizando uma interface gráfica, que suporta a visualização de dados em vários níveis de resolução, desde o cariótipo, passando por genes individuais, até à sequência de nucleótidos.

Originalmente centrado nos animais vertebrados como principal área de interesse, o Ensembl fornece, desde 2009, dados anotados sobre os genomas de plantas, fungos, invertebrados, bactérias e outras espécies, no projeto irmão Ensembl Genomes. A partir de 2020, as várias bases de dados do projeto Ensembl alojam, no seu conjunto, mais de 50 000 genomas de referência.

Base de dados PDB:

A PDB é uma base de dados de estruturas tridimensionais de macromoléculas biológicas, tais como proteínas e ácidos nucleicos. Os dados são normalmente obtidos por cristalografia de raios X ou espetroscopia de RMN e submetidos manualmente por biólogos estruturais de todo o mundo através das organizações membros da PDB - PDBe, RCSB, PDBj e BMRB. A base de dados pode ser acedida através das páginas Web dos seus membros, incluindo o PDBe (alojado no EMBL-EBI). Como membro do consórcio wwPDB, a PDBe ajuda na missão conjunta de arquivamento e manutenção de dados sobre estruturas macromoleculares.

UniProt:

O UniProt é um repositório em linha de dados de sequências e anotações de proteínas, distribuído nas bases de dados UniProt Knowledgebase (UniProt KB), UniProt Reference Clusters (UniRef) e UniProt Archive (UniParc). Originalmente concebidas como empreendimentos individuais do EMBL-EBI, do Instituto Suíço de Bioinformática (SIB) (que, em conjunto, mantêm a Swiss-Prot e a TrEMBL) e do Protein Information Resource (PIR) (que aloja a Protein Sequence Database), o aumento da produção global de dados sobre proteínas levou à sua colaboração na criação da UniProt em 2002.

WikiPathwaysDatabase:

WikiPathways é um recurso da comunidade para contribuir e manter o conteúdo dedicado às vias biológicas. Qualquer utilizador registado do WikiPathways pode contribuir, e qualquer pessoa pode tornar-se um utilizador registado. As contribuições são monitorizadas por um grupo de administradores, mas a maior parte da revisão por pares, curadoria editorial e manutenção é da responsabilidade da comunidade de utilizadores. O WikiPathways é construído utilizando o software MediaWiki, uma ferramenta de edição de vias gráficas personalizada (PathVisio) e bases de dados BridgeDb integradas que abrangem os principais sistemas de genes, proteínas e metabolitos.

A KEGG (Enciclopédia de Genes e Genomas de Quioto) é uma coleção de bases de dados sobre genomas, vias biológicas, doenças, medicamentos e substâncias químicas. A KEGG é utilizada para investigação e ensino de bioinformática, incluindo análise de dados em genómica, metagenómica, metabolómica e outros estudos ómicos, modelação e simulação em biologia de sistemas e investigação translacional no desenvolvimento de medicamentos.

O projeto da base de dados KEGG foi iniciado em 1995 por Minoru Kanehisa, Professor do Instituto de Investigação Química da Universidade de Quioto, no âmbito do então em curso Programa Japonês do Genoma Humano. Prevendo a necessidade de um recurso computorizado que pudesse ser utilizado para a interpretação biológica dos dados da sequência do genoma, começou a desenvolver a base de dados KEGG PATHWAY. Trata-se de uma coleção de mapas de vias KEGG desenhados manualmente que representam o conhecimento experimental sobre o metabolismo e várias outras funções da célula e do organismo. Cada mapa de vias contém uma rede de interacções e reacções moleculares e foi concebido para ligar genes do genoma a produtos genéticos (sobretudo proteínas) na via. Isto permitiu a análise denominada KEGG pathway mapping, através da qual o conteúdo genético do genoma é comparado com a base de dados KEGG PATHWAY para examinar quais as vias e funções associadas que são susceptíveis de serem codificadas no genoma.

De acordo com os criadores, o KEGG é uma "representação informática" do sistema biológico. Integra blocos de construção e diagramas de ligação do sistema - mais especificamente, blocos de construção genéticos de genes e proteínas, blocos de construção químicos de pequenas moléculas e reacções, e diagramas de ligação de redes de interação e reação moleculares. Este conceito é concretizado nas seguintes bases de dados do KEGG, que são categorizadas em informação sobre sistemas, genómica, química e de saúde.

- Informações sobre os sistemas
    - PATHWAY - mapas de vias para funções celulares e do organismo
    - MÓDULO - módulos ou unidades funcionais dos genes
    - BRITE - classificações hierárquicas de entidades biológicas
- Informação genómica
    - GENOME - genomas completos
    - GENES - genes e proteínas nos genomas completos
    - ORTOLOGIA - grupos ortólogos de genes nos genomas completos
- Informação química
    - COMPOUND, GLYCAN - compostos químicos e glicanos
    - REACTION, RPAIR, RCLASS - reacções químicas
    - ENZYME - nomenclatura das enzimas
- Informações sobre saúde
    - DISEASE - doenças humanas
    - MEDICAMENTO - medicamentos aprovados

o AMBIENTE - drogas brutas e substâncias relacionadas com a
saúde

<u>Informações sobre os sistemas</u>

A base de dados KEGG PATHWAY, a base de dados do diagrama de ligações, é o núcleo do recurso KEGG. É uma coleção de mapas de vias que integram muitas entidades, incluindo genes, proteínas, ARNs, compostos químicos, glicanos e reacções químicas, bem como genes de doenças e alvos de medicamentos, que são armazenados como entradas individuais nas outras bases de dados do KEGG. Os mapas de vias estão classificados nas seguintes secções:

- Metabolismo
- Processamento da informação genética (transcrição, tradução, replicação e reparação, etc.)
- Processamento da informação ambiental (transporte membranar, transdução de sinais, etc.)
- Processos celulares (crescimento celular, morte celular, funções das membranas celulares, etc.)
- Sistemas orgânicos (sistema imunitário, sistema endócrino, sistema nervoso, etc.)
- Doenças humanas
- Desenvolvimento de medicamentos

A secção do metabolismo contém mapas globais esteticamente desenhados que mostram uma imagem global do metabolismo, para além dos mapas regulares das vias metabólicas. Os mapas globais de baixa resolução podem ser utilizados, por exemplo, para comparar as capacidades metabólicas de diferentes organismos em estudos genómicos e diferentes amostras ambientais em estudos metagenómicos. Em contraste, os módulos KEGG na base de dados KEGG MODULE são diagramas de ligações localizadas de alta resolução, representando unidades funcionais mais estreitas dentro de um mapa de vias, tais como subvias conservadas entre grupos de organismos específicos e complexos moleculares. Os módulos KEGG são definidos como conjuntos de genes característicos que podem ser associados a capacidades metabólicas específicas e a outras características fenotípicas, de modo a poderem ser utilizados para a interpretação automática de dados do genoma e do metagenoma.

Bases de dados de vias metabólicas e de funções proteicas:

- Coleção de bases de dados BioCyc: inclui EcoCyc e MetaCyc
- BRENDA: o sistema global de informação enzimática, incluindo FRENDA, AMENDA, DRENDA e KENDA
- HMDB: contém informações pormenorizadas sobre os metabolitos de pequenas moléculas presentes no corpo humano
- Base de dados KEGG PATHWAY (Univ. de Quioto)
- Base de dados MANET (Universidade de Illinois)
- Reactome: mapa navegável das vias biológicas humanas, desde os processos metabólicos até à sinalização hormonal (Ontario Institute for Cancer Research, European Bioinformatics Institute, NYU Langone Medical Center, Cold Spring Harbor Laboratory)
- SABIO-RK: base de dados para reacções bioquímicas e respectivas propriedades cinéticas.

Base de dados BioCyc:

A coleção de bases de dados BioCyc é uma variedade de bases de dados de vias/genomas (PGDB) específicas de organismos que fornecem referência a informações sobre o genoma e as vias metabólicas de milhares de organismos. Em junho de 2021, existiam mais de 17 800 bases de dados no BioCyc. A SRI International, com sede em Menlo Park, Califórnia, mantém a família de bases de dados BioCyc.

Com base na curadoria manual efectuada, a família de bases de dados BioCyc está dividida em 3 níveis:

Nível 1: Bases de dados que receberam pelo menos um ano de curadoria manual baseada na literatura. Atualmente, existem sete bases de dados no nível 1. Destas sete, a MetaCyc é uma base de dados importante que contém quase 2500 vias metabólicas de muitos organismos. A outra base de dados de nível 1 importante é a HumanCyc, que contém cerca de 300 vias metabólicas encontradas em seres humanos. As restantes cinco bases de dados são: EcoCyc (*E. coli*), AraCyc (*Arabidopsis thaliana*), YeastCyc (*Saccharomyces cerevisiae*), LeishCyc (*Leishmania major Friedlin*) e TrypanoCyc (*Trypanosoma brucei*).

Nível 2: Bases de dados que foram previstas computacionalmente mas que receberam uma curadoria manual moderada (a maioria com 1-4 meses de curadoria). As bases de dados de nível 2 estão disponíveis para curadoria manual por cientistas interessados em qualquer organismo em particular. As bases de dados de nível 2 contêm atualmente 43 bases de dados de organismos diferentes.

Nível 3: Bases de dados que foram previstas computacionalmente pelo PathoLogic e não receberam curadoria manual. Tal como no Nível 2, as bases de dados do Nível 3 também estão disponíveis para curadoria para cientistas interessados.

BRENDA:

BRENDA (The Comprehensive Enzyme Information System) é um sistema de informação que representa um dos mais completos repositórios de enzimas. É um recurso eletrónico que inclui informação molecular e bioquímica sobre enzimas que foram classificadas pela IUBMB. Cada enzima classificada é caracterizada em relação à sua reação bioquímica catalisada. As propriedades cinéticas dos correspondentes reagentes (isto é, substratos e produtos) são descritas em pormenor. BRENDA contém dados específicos de enzimas extraídos manualmente da literatura científica primária e dados adicionais derivados de métodos automáticos de recuperação de informação, como a extração de texto. Fornece uma interface de utilizador baseada na Web que permite um acesso conveniente e sofisticado aos dados.

Conteúdo e características:

Base de dados:

A base de dados contém mais de 40 campos de dados com informações específicas sobre mais de 7000 números CE de enzimas classificadas de acordo com a IUBMB. Os diferentes campos de dados abrangem informações sobre a nomenclatura, a reação e a especificidade da enzima, a estrutura da enzima, o isolamento e a preparação, a estabilidade da enzima, os parâmetros cinéticos, tais como o valor Km e o número de rotatividade, a ocorrência e a localização, os mutantes e as enzimas modificadas, a aplicação de enzimas e os dados relacionados com os ligandos. Atualmente, BRENDA contém dados anotados manualmente de mais de 140.000 artigos científicos diferentes. Cada entrada de enzima está claramente ligada a pelo menos uma referência da literatura, ao seu organismo de origem e, quando disponível, à sequência proteica da enzima. Uma parte importante do BRENDA representa os mais de 110.000 ligandos de enzimas, que estão disponíveis nos seus nomes, sinónimos ou através da estrutura química. O termo "ligando" é utilizado neste contexto para todos os compostos de baixo peso molecular que interagem com as enzimas. Estes incluem não só metabolitos do metabolismo primário, co-substratos ou cofactores, mas também inibidores de enzimas ou iões metálicos. A origem destas moléculas vai desde os antibióticos naturais até aos compostos sintéticos que foram sintetizados para o desenvolvimento de medicamentos ou pesticidas.

Além disso, são fornecidas referências cruzadas a recursos de informação externos, tais como bases de dados de sequências e de estruturas 3D, bem como ontologias biomédicas.

<u>**Acesso aos dados**</u>

Existem várias ferramentas para obter acesso aos dados do BRENDA. Algumas delas estão listadas aqui.

- Vários formulários de consulta diferentes (por exemplo, pesquisa rápida e avançada)
- Navegador de árvore CE
- Navegador de árvore de taxonomia
- Ontologias para diferentes domínios biológicos (por exemplo, ontologia de tecidos BRENDA, Ontologia de genes)
- Thesaurus para nomes de ligandos
- Motor de pesquisa de subestruturas químicas para estruturas de ligandos
- Interface SOAP

Base de dados do metaboloma humano (HMDB):

A Base de Dados do Metaboloma Humano (HMDB) é uma base de dados em linha, abrangente, de alta qualidade e de acesso livre, de metabolitos de pequenas moléculas presentes no corpo humano. Criada pelo Projeto Metaboloma Humano, financiado pelo Genoma Canadá. Uma das primeiras bases de dados dedicadas à metabolómica, a HMDB facilita a investigação em metabolómica humana, incluindo a identificação e caraterização de metabolitos humanos utilizando espetroscopia NMR, espetrometria GC-MS e espetrometria LC/MS. Para ajudar neste processo de descoberta, a HMDB contém três tipos de dados: 1) dados químicos, 2) dados clínicos e 3) dados de biologia molecular/bioquímica (Fig. 1-3). Os dados químicos incluem 41.514 estruturas de metabolitos com descrições pormenorizadas, juntamente com cerca de 10.000 espectros de RMN, GC-MS e LC/MS.

Os dados clínicos incluem informações sobre >10.000 concentrações de metabolitos-biofluidos e informações sobre a concentração de metabolitos em mais de 600 doenças humanas diferentes. Os dados bioquímicos incluem 5.688 sequências de proteínas (e ADN) e mais de 5.000 reacções bioquímicas que estão ligadas a estas entradas de metabolitos. Cada entrada de metabolito no HMDB contém mais de 110 campos de dados, sendo 2/3 da informação dedicada a dados químicos/clínicos e o outro 1/3 dedicado a dados enzimáticos ou bioquímicos. Muitos campos de dados têm hiperligações para outras bases de dados (KEGG, MetaCyc, PubChem, Protein Data Bank, ChEBI, Swiss-Prot e GenBank) e uma variedade de applets de visualização de estruturas e vias. A base de dados HMDB suporta pesquisas extensivas de texto, sequências, espectros, estruturas químicas e consultas relacionais. Tem sido amplamente utilizada em metabolómica, química clínica, descoberta de biomarcadores e ensino de bioquímica geral.

Quatro bases de dados adicionais, DrugBank, T3DB, SMPDB e FooDB, também fazem parte do conjunto de bases de dados HMDB. A DrugBank contém informações equivalentes sobre ~1600 fármacos e metabolitos de fármacos, a T3DB contém informações sobre 3100 toxinas comuns e poluentes ambientais, a SMPDB contém diagramas de vias para 700 vias metabólicas e de doenças humanas, enquanto a FooDB contém informações equivalentes sobre ~28 000 componentes alimentares e aditivos alimentares.

(MANET):

A base de dados **Molecular Ancestry Network (MANET)** é uma base de dados bioinformática que mapeia as relações evolutivas das arquitecturas proteicas diretamente em redes biológicas. Foi originalmente desenvolvida por Hee Shin Kim, Jay E. Mittenthal e Gustavo Caetano-Anolles no Departamento de Ciências Agrícolas da Universidade de Illinois em Urbana-Champaign.

A MANET traça, por exemplo, a ascendência de enzimas metabólicas individuais no metabolismo com métodos bioinformáticos, filogenéticos e estatísticos. A MANET liga atualmente as informações da base de dados da Classificação Estrutural das Proteínas (SCOP), a base de dados das vias metabólicas da Enciclopédia de Kyoto dos Genes e Genomas (KEGG) e as reconstruções filogenéticas que descrevem a evolução da arquitetura das dobras proteicas a um nível universal. A base de dados foi actualizada para refletir a evolução do metabolismo ao nível das famílias de dobras proteicas. MANET "pinta" literalmente os ancestrais das enzimas derivados de árvores filogenéticas enraizadas diretamente em mais de uma centena de representações de vias metabólicas, prestando homenagem a um dos pais do impressionismo. Também fornece numerosas funcionalidades que permitem procurar dobras proteicas específicas com valores de ancestralidade definidos, apresentar a distribuição das enzimas pintadas e explorar pormenores quantitativos que descrevem dobras proteicas individuais. Uma análise estatística dos dados em MANET mostrou, por exemplo, uma distribuição irregular dos valores de ancestralidade atribuídos às dobras proteicas em cada sub-rede, indicando que a evolução do metabolismo ocorreu globalmente através do recrutamento generalizado de enzimas. A MANET foi recentemente utilizada para classificar os processos de recrutamento enzimático em redes metabólicas e propor que o metabolismo moderno teve origem na sub-rede metabólica dos nucleótidos de purina. A base de dados é útil para o estudo da evolução metabólica.

Base de dados em linha Reactome:

O Reactome é uma base de dados em linha gratuita de vias biológicas. Existem vários Reactomes que se concentram em organismos específicos, o maior dos quais se centra na biologia humana. A descrição que se segue centra-se no Reactome humano. É da autoria de biólogos especializados, em colaboração com a equipa editorial do Reactome, que são todos biólogos de nível de doutoramento. O conteúdo tem referências cruzadas com muitas bases de dados bioinformáticas. A lógica subjacente ao Reactome consiste em representar visualmente as vias biológicas com todo o pormenor mecanicista, disponibilizando simultaneamente os dados de origem num formato computacionalmente acessível.

O sítio Web pode ser utilizado para pesquisar vias e apresentar dados a um conjunto de ferramentas de análise de dados. Os dados subjacentes podem ser descarregados na íntegra numa série de formatos normalizados, incluindo PDF, SBML e BioPAX. Os diagramas das vias utilizam um estilo baseado na Notação Gráfica da Biologia dos Sistemas (SBGN).

A unidade central do modelo de dados Reactome é a reação. As entidades (ácidos nucleicos, proteínas, complexos e pequenas moléculas) que participam nas reacções formam uma rede de interacções biológicas e são agrupadas em vias. Exemplos de vias biológicas no Reactome incluem a sinalização, a função imunitária inata e adquirida, a regulação da transcrição, a tradução, a apoptose e o metabolismo intermediário clássico.

As vias representadas no Reactome são específicas de cada espécie, sendo cada passo da via apoiado por citações da literatura que contêm uma verificação experimental do processo representado. Se não existir uma verificação experimental com reagentes humanos, as vias podem conter etapas inferidas manualmente a partir de pormenores experimentais não humanos, mas apenas se um biólogo especialista, designado como autor da via, e um segundo biólogo, designado como revisor, concordarem que se trata de uma inferência válida. As vias humanas são utilizadas para gerar computacionalmente, através de um processo baseado na ortologia, vias derivadas noutros organismos.

Ferramentas:

Existem ferramentas no sítio Web para visualizar um diagrama interativo de vias, efetuar o mapeamento de vias e a análise de sobre-representação de vias e para sobrepor dados de expressão às vias Reactome. As ferramentas de mapeamento de vias e de sobre-representação de vias aceitam uma única coluna de identificadores de proteínas/compostos, sendo preferíveis os acessos Uniprot e ChEBI, mas a interface aceita e interpreta muitos outros identificadores ou símbolos. Podem ser utilizados identificadores mistos. Os resultados da sobre-representação são apresentados como uma lista de vias estatisticamente sobre-representadas (note-se que a visualização predefinida mostra apenas os tópicos das vias principais, que podem não ser os mais significativos; clique no botão Abrir tudo para ver as subvias).

Os dados de expressão são apresentados num formato de várias colunas, em que a primeira coluna identifica a proteína e as colunas adicionais devem ser valores de expressão numéricos, que podem, de facto, ser qualquer valor numérico, por exemplo, expressão diferencial, proteómica quantitativa, pontuações GWAS. Os dados de expressão são representados como coloração das proteínas correspondentes em diagramas de vias, utilizando as cores do espetro visível, pelo que as cores vermelhas "quentes" representam valores elevados. Se forem apresentadas várias colunas de dados numéricos, a ferramenta de sobreposição pode apresentá-las como "experiências" separadas, por exemplo, pontos temporais ou a progressão de uma doença.

A base de dados pode ser consultada e pesquisada como um livro de texto em linha. Está disponível um guia do utilizador em linha. Os utilizadores podem também descarregar o conjunto de dados atual ou vias e reacções individuais numa variedade de formatos, incluindo PDF, BioPAX e SBML.

Base de dados SABIO-Cinética de Reação:

SABIO-RK (System for the Analysis of **Biochemical** Pathways - Reaction **Kinetics**) é uma base de dados acessível na Web que armazena informações sobre reacções bioquímicas e as suas propriedades cinéticas.

O SABIO-RK inclui uma representação orientada para a reação de informações quantitativas sobre a dinâmica da reação com base numa determinada publicação selecionada. Isto inclui todos os parâmetros cinéticos disponíveis juntamente com as equações de taxa correspondentes, bem como a lei cinética e os tipos de parâmetros e condições experimentais e ambientais em que os dados cinéticos foram determinados. Além disso, o SABIO-RK contém informações sobre as reacções e vias bioquímicas subjacentes, incluindo os participantes na reação, a localização celular e informações detalhadas sobre as enzimas que catalisam as reacções.

Os dados armazenados no SABIO-RK de forma exaustiva são principalmente extraídos manualmente da literatura. Incluem-se reacções, os seus participantes (substratos, produtos), modificadores (inibidores, activadores, cofactores), detalhes do catalisador (por exemplo, classificação enzimática CE, composição do complexo proteico, informações sobre o tipo selvagem/mutante), parâmetros cinéticos juntamente com a equação de taxa correspondente, fontes biológicas (organismo, tecido, localização celular), condições ambientais (pH, temperatura, tampão) e detalhes de referência. Os dados são adaptados, normalizados e anotados em vocabulários controlados, ontologias e fontes de dados externas, incluindo KEGG, UniProt, ChEBI, PubChem, NCBI, Reactome, BRENDA, MetaCyc, BioModels e PubMed.

Em outubro de 2021, o SABIO-RK contém cerca de 71 000 entradas individuais com curadoria extraídas de mais de 7 300 publicações. Várias ferramentas, bases de dados e fluxos de trabalho em Biologia de Sistemas utilizam os dados de reacções bioquímicas do SABIO-RK através da integração na sua estrutura, incluindo SYCAMORE, MeMo-RK, CellDesigner, PeroxisomeDB, fluxos de trabalho Taverna ou ferramentas como o software KineticsWizard para captura e análise de dados. Além disso, o SABIO-RK faz parte do registo MIRIAM, um conjunto de orientações para a anotação e curadoria de modelos computacionais

Bases de dados taxonómicas:

Numerosas bases de dados recolhem informações sobre espécies e outras categorias taxonómicas. O Catálogo da Vida é um caso especial, pois é uma metabase de dados de cerca de 150 "bases de dados globais de espécies" (GSD) especializadas que recolheram os nomes e outras informações sobre (quase) todas as espécies descritas e, por conseguinte, "conhecidas".

- BacDive: metabase bacteriana que fornece informações ligadas a estirpes sobre a biodiversidade bacteriana e arqueal, incluindo informações sobre taxonomia

- Catálogo da Vida: uma meta-base de dados de todas as espécies da Terra

- EzTaxon-e: base de dados para a identificação de procariotas com base em sequências de genes do ARN ribossómico 16S

- Taxonomia NCBI: uma base de dados taxonómica operada pelo NCBI e que se concentra em todos os taxa para os quais estão disponíveis sequências de ADN (essas sequências são armazenadas pelo GenBank, outra base de dados operada pelo NCBI).

BacDive (base de dados sobre a diversidade bacteriana)

BacDive (Bacterial Diversity Metadatabase) é uma metabase de dados bacteriana que fornece informações sobre a biodiversidade bacteriana e arqueal ligadas a estirpes.

O *BacDive* é um recurso para diferentes tipos de metadados, como taxonomia, morfologia, fisiologia, ambiente e biologia molecular. A maioria dos dados é anotada e curada manualmente. Com o lançamento em julho de 2018, *a* BacDive oferece informações sobre 63 669 estirpes.[7] A base de dados está alojada no Instituto Leibniz DSMZ - German Collection of Microorganisms and Cell Cultures GmbH e faz parte da de.NBI, a rede alemã de infra-estruturas bioinformáticas.

Base de dados

A versão de julho de 2018 da base de dados incluía mais de 600 campos de dados diferentes, divididos nas categorias "Nome e classificação taxonómica", "Morfologia e fisiologia", "Cultura e condições de crescimento", "Isolamento, amostragem e informação ambiental". "Aplicação e interação", "Biologia molecular" e "Disponibilidade de estirpes". A base de dados incluía 712 958 entradas, ligadas à estirpe e à referência correspondentes. Os dados são extraídos de descrições internas de colecções de culturas, de compêndios compilados por peritos sobre estirpes e da literatura científica primária.

Acesso aos dados

Os dados podem ser acedidos através de uma GUI ou através do serviço Web RESTful. Utilizando a GUI, o utilizador pode escolher entre uma pesquisa simples para pesquisar os campos principais, como a taxonomia ou a identificação da estirpe, ou pode utilizar a pesquisa avançada, que permite a pesquisa em 130 campos de dados e dá a oportunidade de fazer consultas complexas combinando vários campos. Os dados podem ser descarregados em formato PDF (para estirpes individuais) ou em formato CSV para conjuntos de dados maiores (para várias estirpes). Através do portal do serviço Web, é possível aceder não só ao conteúdo do *BacDive*, mas também à lista de referência de táxones *Prokaryotic Nomenclature Up-To-Date*.

Catálogo da vida:

O Catálogo da Vida é uma base de dados em linha que fornece um índice das espécies conhecidas de animais, plantas, fungos e microorganismos. Foi criado em 2001 como uma parceria entre o Species 2000 global e o Sistema Americano de Informação Taxonómica Integrada. A interface do Catálogo está disponível em doze línguas e é utilizada por investigadores, cidadãos cientistas, educadores e decisores políticos. O Catálogo é também utilizado pela Biblioteca do Património da Biodiversidade, pelo Sistema de Dados de Códigos de Barras da Vida, pela Enciclopédia da Vida e pelo Mecanismo Global de Informação sobre Biodiversidade. O Catálogo compila atualmente dados de 168 bases de dados taxonómicas revistas por pares que são mantidas por instituições especializadas em todo o mundo. Em junho de 2021, o Catálogo lista 1.997.284 das 2,2 milhões de espécies existentes no mundo, conhecidas pelos taxonomistas do planeta na atualidade.

Utilizar:

Grande parte da utilização do Catálogo consiste em fornecer taxonomia de base a outros portais de dados globais e colecções biológicas. Através do projeto i4Life, tem parcerias formais com o Global Biodiversity Information Facility, o European Nucleotide Archive, a Encyclopedia of Life, o European Consortium for the Barcode of Life, a IUCN Red List e o Life Watch. A interface pública inclui funções de pesquisa e navegação, para além de oferecer serviços multilingues.

O catálogo incluía 300 000 espécies em 2003, 500 000 espécies em 2005 e mais de 800 000 espécies em 2006. Em 2019, o Catálogo listava 1,9 milhões de espécies existentes e extintas. Estima-se que existam 14 milhões de espécies, na sua maioria não publicadas; no entanto, este número é incerto, uma vez que faltam dados sobre o possível número de insectos, nemátodos, bactérias, fungos e muitos outros não descritos.

Base de dados EzTaxon:

Em bioinformática, a base de dados EzTaxon é uma ferramenta baseada na Web para a identificação de procariotas com base em sequências de genes de ARN ribossómico 16S. A EzTaxon é uma base de dados de acesso livre produzida e mantida pela ChunLab, Inc.

A base de dados EzTaxon contém sequências de estirpes-tipo de espécies procarióticas com nomes validamente publicados. Embora a EzTaxon seja utilizada principalmente para a identificação de rotina de isolados procarióticos, não foram incluídas sequências de taxa não cultivados. Assim, em 2012, o EzTaxon foi alargado para incluir procariotas não cultivados e o nome da base de dados foi alterado para EzTaxon-e.

Os nomes dos taxa incluídos no EzTaxon-e representam grupos de sequências não cultivadas encontradas em bases de dados de domínio público. Os nomes incluídos no EzTaxon-e não têm qualquer estatuto na nomenclatura formal, mas foram criados para ajudar na comparação das comunidades microbianas e da diversidade na natureza.

- Os novos nomes encontrados no EzTaxon-e são formados pela adição de sufixos especiais aos números de acesso das sequências no Genbank (por exemplo, AB177171_s -> espécie da qual a entrada da sequência AB177171 serve tipo; AB177171_g -> género; AB177171_f -> família; AB177171_o -> ordem; AB177171_c -> classe; AB177171_p -> filo).

- Os nomes conhecidos foram preservados por razões históricas. SAR11, o famoso habitante marinho, é rotulado como SAR11(ordem) e dividido em 4 famílias (SAR11-1_f a SAR11-4_f).

- Com base na filogenia da sequência 16S rRNA, algumas espécies obviamente mal classificadas foram renomeadas usando sufixos especiais. Por exemplo, Bacteroides pectinophilus não é um membro autêntico do género Bacteroides. No entanto, pode representar um novo género na família Lachnospiraceae. Por conseguinte, na base de dados EzTaxon-e, Bacteroides pectinophilus é colocado sob um novo género provisoriamente designado Bacteroides_g1.

- As sequências e os taxa provisórios que começam por "4P" são produtos do sistema Roche 454 GS FLX Titanium

Bases de dados adicionais:

Bases de dados exossómicas

- ExoCarta
- Atlas de ARN extracelular: um repositório de pequenos perfis de ARN-seq e de ARN ex derivado de qPCR de biofluidos de humanos e ratos

ExoCarta é uma base de dados com curadoria manual de proteínas, ARN e lípidos exossomais.

Os exossomas são vesículas derivadas de células que estão presentes em muitos e talvez em todos os fluidos biológicos, incluindo o sangue, a urina e o meio de cultura das culturas celulares. O diâmetro registado dos exossomas situa-se entre 30 e 100 nm, o que é maior do que o LDL, mas muito mais pequeno do que, por exemplo, os glóbulos vermelhos. Os exossomas são libertados da célula quando os corpos multivesiculares se fundem com a membrana plasmática ou são libertados diretamente da membrana plasmática. É cada vez mais claro que os exossomas têm funções especializadas e desempenham um papel fundamental, por exemplo, na coagulação, na sinalização intercelular e na gestão de resíduos. Consequentemente, existe um interesse crescente nas aplicações clínicas dos exossomas. Os exossomas podem ser potencialmente utilizados para prognóstico, terapia e biomarcadores de saúde e doença.

Bases de dados de modelos matemáticos

- Base de dados de biomodelos: modelos matemáticos publicados que descrevem processos biológicos

BioModels é um repositório gratuito e de código aberto para armazenar, trocar e recuperar modelos quantitativos de interesse biológico criados em 2006. Todos os modelos na secção de curadoria da base de dados BioModels foram descritos na literatura científica revista pelos pares. Os modelos armazenados na secção de curadoria da BioModels estão em conformidade com o MIRIAM, a norma de curadoria e anotação de modelos. Os modelos foram simulados por curadores para verificar se, quando executados em simulações, fornecem os mesmos resultados que os descritos na publicação. Os componentes do modelo são anotados, para que os utilizadores possam identificar convenientemente cada elemento do modelo e obter mais informações a partir de outros recursos. Os modeladores podem submeter os modelos em SBML e CellML. Os modelos podem ser posteriormente descarregados em SBML, VCML, XPP, SciLab, Octave, BioPAX e RDF/XML. As redes de reação dos modelos são apresentadas em alguns formatos gráficos, como PNG, SVG e applet gráfico Java, em que algumas redes foram apresentadas seguindo a Notação Gráfica de Biologia de Sistemas. E um resumo legível por humanos de cada modelo está disponível em PDF.

Bases de dados radiológicas

O Arquivo de Imagiologia do Cancro (TCIA)

O Cancer Imaging Archive (TCIA) é uma base de dados de acesso livre de imagens médicas para a investigação do cancro. O sítio é financiado pelo Programa de Imagiologia do Cancro do Instituto Nacional do Cancro (NCI) e o contrato é gerido pela Universidade de Arkansas para as Ciências Médicas. Os dados do arquivo estão organizados em colecções que, normalmente, partilham um tipo de cancro e/ou um local anatómico comum. A maioria dos dados consiste em imagens de TC, RM e medicina nuclear (por exemplo, PET) armazenadas em formato DICOM, mas muitos outros tipos de dados de apoio são também fornecidos ou associados, a fim de aumentar a utilidade da investigação. Todos os dados são desidentificados de modo a cumprir a Lei de Portabilidade e Responsabilidade dos Seguros de Saúde e as políticas de partilha de dados dos Institutos Nacionais de Saúde.

Os recursos da TCIA destinam-se a apoiar:

- Desenvolvimento de métodos de diagnóstico assistido por computador (imagiologia quantitativa)
- Avaliação da reprodutibilidade científica imparcial através de métodos estatísticos padrão aceitáveis
- Investigação sobre a correlação de imagens médicas de diagnóstico clínico com imagens histológicas microscópicas digitais
- Investigação exploratória de biomarcadores para os quais a imagiologia é um elemento-chave
- Colaboração entre investigadores interdisciplinares em que a imagiologia é crucial para a investigação sobre a heterogeneidade tumoral, entre doentes e no interior do tumor; rastreio da resposta temporal dos tecidos - medições objectivas da progressão tumoral;

genómica por imagem e ligações e análise de grandes volumes de dados (clínicos, histopatológicos, genómicos)

A TCIA é reconhecida como um repositório recomendado pela Nature Scientific Data, PLOS One e F1000Research. Também está listada no Registo de Repositórios de Dados de Investigação.

Ferramentas e recursos informáticos de neuroimagem:

O Neuroimaging Tools and Resources Collaboratory (NITRC) é um ambiente de conhecimento informático de neuroimagiologia para ferramentas e recursos de RM, PET/SPECT, TC, EEG/MEG, imagiologia ótica, neuroinformática clínica, genómica de imagem e neurociência computacional.

Bases de dados sobre taxas de resistência antimicrobiana e consumo de antibióticos:

- CIPARS
- Rede EARS
- Rede ESAC

CIPARS:

O Programa Integrado Canadiano de Vigilância da Resistência aos Antimicrobianos (CIPARS) recolhe dados sobre a venda, utilização e resistência aos antibióticos em bactérias entéricas em pessoas, animais e alimentos no Canadá.

Os dados recolhidos pelo CIPARS são:

- Taxas de resistência aos antibióticos: as infecções humanas com Salmonella e Campylobacter são de notificação obrigatória no Canadá, pelo que o CIPARS pode recolher passivamente dados sobre as taxas de resistência através dos programas nacionais existentes. O CIPARS utiliza uma combinação de vigilância ativa e passiva em animais.

- Dados sobre a utilização e venda de antibióticos: a partir de 2017, os fabricantes, importadores e fabricantes de compostos canadianos foram obrigados a comunicar as vendas anuais de antimicrobianos de importância médica destinados a animais. A Public Health Agency of Canada e a Health Canada conceberam e desenvolveram a ferramenta de comunicação em linha, o sistema Veterinary Antimicrobial Sales Reporting (VASR), para facilitar a recolha destes dados. Recolhe dados sobre os volumes de agentes antimicrobianos e as quantidades vendidas ou compostas por espécie animal e por província/território. A informação sobre a utilização de agentes antimicrobianos nas explorações agrícolas é recolhida através de questionários.

A EARS-Net, também conhecida como Rede Europeia de Vigilância da Resistência Antimicrobiana, é uma base de dados central e abrangente para a União Europeia que se centra em oito agentes patogénicos bacterianos diferentes

A EARS-Net regista as taxas de resistência comunicadas em dados clínicos de rotina sobre a suscetibilidade antimicrobiana de laboratórios locais e clínicos, recolhidos por programas de vigilância nacionais e redes de laboratórios. O estado da resistência é determinado de acordo com as directrizes EUCAST. Apenas os dados de isolados invasivos (sangue e líquido cefalorraquidiano) são incluídos na EARS-Net. Os antibióticos para os quais a resistência é monitorizada variam consoante a espécie e baseiam-se nas recomendações do EUCAST. Os dados relativos à resistência são recolhidos apenas para estes oito agentes patogénicos:

- *Escherichia coli*
- *Klebsiella pneumoniae*
- *Pseudomonas aeruginosa*

- Espécies de *Acinetobacter*
- *Streptococcus pneumoniae*
- *Staphylococcus aureus*
- *Enterococcus faecalis*
- *Enterococcus faecium*

A ESAC-Net, também conhecida como Rede Europeia de Vigilância do Consumo de Antimicrobianos, é uma base de dados central e abrangente para a União Europeia que se centra em dados de referência sobre o consumo de antimicrobianos por 30 países em toda a Europa.

A ESAC-Net (inicialmente designada ESAC) recolhe dados sobre o consumo de antimicrobianos para uso sistémico (tomados por via oral ou injetados, tratando todo o corpo) na comunidade e nos hospitais da UE e dos países do Espaço Económico Europeu/Associação Europeia de Comércio Livre.

Os dados são obtidos a partir de números nacionais sobre vendas e reembolsos, incluindo qualquer informação fornecida pelos registos nacionais de medicamentos. Os dados sobre vendas registam o consumo de antimicrobianos prescritos e não prescritos, enquanto os dados sobre reembolsos apenas registam os antibióticos obtidos com receita médica. Note-se que a quantidade de agentes antimicrobianos consumidos por pessoa não está a ser calculada diretamente, mas antes inferida pela quantidade destes medicamentos que é vendida.

Os antimicrobianos rastreados são divididos em:

- Antibacterianos
- Antimicóticos
- Antimicobacterianos
- Antivirais

O consumo é medido como o número de Doses Diárias Definidas pela OMS (DDD) por 1.000 pessoas, por dia. Para além destes valores, é também recolhido o número de embalagens de medicamentos vendidas por 1.000 pessoas por dia, quando disponível. Os dados populacionais do EUROSTAT ou dos relatórios estatísticos nacionais são utilizados para medir o número de pessoas que residem em cada país. Se as estatísticas de consumo não abrangerem todo o país, o país é obrigado a fornecer um valor que indique o número de pessoas que abrange.

<u>**Bases de dados sobre mecanismos de resistência antimicrobiana**</u>

- AMRFinderPlus
- Base de dados de medicamentos antimicrobianos (AMDD)
- ARDB (já não é mantido)
- ARGminer
- BacMet
- Base de dados de beta-lactamases (BLAD)
- Base de dados de beta-lactamases (BLDB)
- CBMAR
- Base de dados exaustiva sobre a resistência aos antibióticos
- FARME
- INTEGRAL
- Laced
- MEGARes
- MUBII-TB-DB
- Base de dados de mostarda
- MvirDB
- PathoPhenoDB
- Base de dados PATRIC
- RAC: Repositório de cassetes de resistência aos antibióticos
- Localizador de recursos
- TBDReaMDB
- u-CARE
- VFDB

Bases de dados ao estilo Wiki:

- Gene Wiki
- WikiProfissional

Bases de dados especializadas:

- Barcode of Life Data Systems: base de dados de códigos de barras de ADN
- O Atlas do Genoma do Cancro (TCGA): fornece dados de centenas de amostras de cancro obtidas através de técnicas de elevado rendimento, tais como perfis de expressão genética, perfis de variação do número de cópias, genotipagem de SNP, perfis de metilação do ADN ao nível do genoma, perfis de microARN e sequenciação de exões de, pelo menos, 1200 genes
- Cellosaurus: um recurso de conhecimento sobre linhas celulares
- CTD (Comparative Toxicogenomics Database): descreve as interacções entre os genes químicos e as doenças
- DiProDB: uma base de dados para recolher e analisar as propriedades termodinâmicas, estruturais e outras dos dinucleótidos
- O Atlas de Transcritos de Referência e de Manutenção (Atlas HRT) é uma ferramenta baseada na Web para procurar genes/transcritos de referência candidatos específicos de células, adequados para a normalização de experiências qPCR. O HRT Atlas também descreve uma lista completa de genes e transcritos de referência humanos e de ratinho
- Dryad: repositório de dados subjacentes a publicações científicas no domínio das biociências básicas e aplicadas
- Atlas do Rato de Edimburgo
- EPD Base de dados de promotores eucarióticos
- FINDbase (base de dados sobre a frequência das doenças hereditárias)
- GigaDB: repositório de conjuntos de dados em grande escala subjacentes a publicações científicas no domínio da investigação biológica e biomédica

- HGNC (HUGO Gene Nomenclature Committee): um recurso para a nomenclatura aprovada de genes humanos

- Consórcio Internacional para o Epigenoma Humano: integra dados epigenómicos de referência de iniciativas nacionais bem conhecidas, como o CEEHRC canadiano, o European Blueprint, o European Genome-phenome Archive (EGA), o ENCODE dos EUA e o NIH Roadmap, o DEEP alemão, o CREST japonês, o KNIH coreano, o GIS de Singapura e o EpiHK da China

- MethBase: base de dados de metilação do ADN visualizada no UCSC Genome Browser

- Minimotif Miner: base de dados de motivos peptídicos funcionais contíguos curtos

- Bases de dados oncogenómicas: uma compilação de bases de dados que servem para a investigação do cancro

- PubMed: referências e resumos sobre ciências da vida e temas biomédicos

- Base de dados integrada de mamíferos do RIKEN

- TDR Targets: uma base de dados quimiogenómica centrada na descoberta de medicamentos para as doenças tropicais

- TRANSFAC: uma base de dados sobre factores de transcrição eucarióticos, os seus sítios de ligação genómica e perfis de ligação ao ADN

- JASPAR: uma base de dados de perfis de ligação de factores de transcrição com curadoria manual e não redundante.

- MetOSite: uma base de dados sobre os locais de sulfoxidação da metionina e os seus papéis funcionais nas proteínas

- O Healthcare Cost and Utilization Project (HCUP) é a maior coleção de dados sobre cuidados hospitalares nos Estados Unidos. Inclui centenas de milhões de registos de internamento, ambulatório e urgências.

Bases de dados:

Montagem: Uma base de dados que fornece informações sobre a estrutura dos genomas montados, nomes dos conjuntos e outros meta-dados, relatórios estatísticos e ligações a dados de sequências genómicas.

BioColeções: Um conjunto de metadados com curadoria para colecções de cultura, museus, herbários e outras colecções de história natural. Os registos apresentam códigos de coleção, informações sobre as instituições de origem das colecções e ligações a dados relevantes no NCBI.

BioProject (antigo Projeto Genoma):

Uma coleção de estudos de genómica, genómica funcional e genética e ligações aos conjuntos de dados resultantes. Este recurso descreve o âmbito, o material e os objectivos do projeto e fornece um mecanismo para recuperar conjuntos de dados que são muitas vezes difíceis de encontrar devido a anotações inconsistentes, a múltiplas submissões independentes e à natureza variada de diversos tipos de dados que são frequentemente armazenados em diferentes bases de dados.

BioAmostra: A base de dados BioSample contém descrições de materiais de origem biológica utilizados em ensaios experimentais.

BioSystems: Base de dados que agrupa literatura biomédica, pequenas moléculas e dados de sequência em termos de relações biológicas.

Estante de livros: Uma coleção de livros biomédicos que podem ser pesquisados diretamente ou a partir de dados ligados noutras bases de dados do NCBI. A coleção inclui livros de texto biomédicos, outros títulos científicos, recursos genéticos como *GeneReviews* e manuais de ajuda do NCBI.

ClinVar: Um recurso para fornecer um registo público e controlado das relações comunicadas entre a variação humana e o estado de saúde observado, com provas de apoio. A informação relacionada no NIH Genetic Testing Registry (GTR), MedGen, Gene, OMIM, PubMed e outras fontes está acessível através de hiperligações nos registos.

ClinicalTrials.gov: Um registo e uma base de dados de resultados de estudos clínicos de participantes humanos apoiados por entidades públicas e privadas realizados em todo o mundo.

Recursos computacionais do grupo de estruturas do NCBI:

Uma página centralizada que fornece acesso e ligações a recursos desenvolvidos pelo Grupo de Estruturas do Departamento de Biologia Computacional (CBB) do NCBI. Estes recursos abrangem bases de dados e ferramentas para ajudar no estudo de estruturas macromoleculares, domínios conservados e classificação de proteínas, pequenas moléculas e a sua atividade biológica, e vias e sistemas biológicos.

Consensus CDS (CCDS): Um esforço de colaboração para identificar um conjunto central de regiões codificadoras de proteínas humanas e de ratinho que são anotadas de forma consistente e de elevada qualidade.

Base de dados de domínios conservados (CDD): Uma coleção de alinhamentos e perfis de sequências que representam domínios proteicos conservados na evolução molecular. Inclui também alinhamentos dos domínios com estruturas tridimensionais de proteínas conhecidas na base de dados MMDB.

Base de dados da variação estrutural genómica (dbVar):

A base de dados dbVar foi desenvolvida para arquivar informações associadas à variação genómica em grande escala, incluindo grandes inserções, deleções, translocações e inversões. Para além de arquivar a descoberta de variações, a dbVar também armazena associações de variantes definidas com informações sobre fenótipos.

Base de dados de genótipos e fenótipos (dbGaP):

Um arquivo e centro de distribuição para a descrição e resultados de estudos que investigam a interação entre o genótipo e o fenótipo. Estes estudos incluem a associação de todo o genoma (GWAS), a re-sequenciação médica, os ensaios de diagnóstico molecular, bem como a associação entre o genótipo e características não clínicas.

Base de dados de variações genéticas curtas (dbSNP):

Inclui variações de nucleótido único, microssatélites e inserções e deleções em pequena escala. A dbSNP contém dados de frequência e genótipo específicos da população, condições experimentais, contexto molecular e informações de mapeamento para variações neutras e mutações clínicas.

GenBank:

A base de dados de sequências genéticas do NIH, uma coleção anotada de todas as sequências de ADN publicamente disponíveis. O GenBank faz parte da International Nucleotide Sequence Database Collaboration, que inclui o DNA DataBank of Japan (DDBJ), o European Molecular Biology Laboratory (EMBL) e o GenBank no NCBI. Estas três organizações trocam dados diariamente. O GenBank é constituído por várias divisões, a maioria das quais pode ser acedida através da base de dados de nucleótidos. As excepções são as divisões EST e GSS, às quais se acede através das bases de dados Nucleotide EST e Nucleotide GSS, respetivamente.

Gene: Uma base de dados pesquisável de genes, centrada em genomas que foram completamente sequenciados e que têm uma comunidade de investigação ativa para contribuir com dados específicos de genes. A informação inclui nomenclatura, localização cromossómica, produtos de genes e seus atributos (por exemplo, interacções proteicas), marcadores associados, fenótipos, interacções e ligações a citações, sequências, detalhes de variação, mapas, relatórios de expressão, homólogos, conteúdo do domínio proteico e bases de dados externas.

Base de dados Gene Expression Omnibus (GEO): Um repositório público de dados de genómica funcional que suporta a apresentação de dados em conformidade com o MIAME. São aceites dados baseados em matrizes e sequências e são fornecidas ferramentas para ajudar os utilizadores a consultar e descarregar experiências e perfis de expressão genética com curadoria.

Conjuntos de dados do Gene Expression Omnibus (GEO): Armazena conjuntos de dados de expressão genética e abundância molecular com curadoria, reunidos a partir do repositório Gene Expression Omnibus (GEO). Os registos do DataSet contêm recursos adicionais, incluindo ferramentas de agrupamento e consultas de expressão diferencial.

Perfis do Gene Expression Omnibus (GEO): Armazena a expressão de genes individuais e perfis de abundância molecular montados a partir do repositório Gene Expression Omnibus (GEO). Pesquisa de perfis específicos de interesse com base na anotação de genes ou em características de perfil pré-computadas.

GeneReviews: Uma coleção de descrições de doenças com autoria de especialistas e revistas por pares na NCBI Bookshelf que aplicam testes genéticos ao diagnóstico, gestão e aconselhamento genético de pacientes e famílias com condições hereditárias específicas.

Genes e doenças: Resumos de informação sobre doenças genéticas seleccionadas com discussões sobre a(s) mutação(ões) subjacente(s) e características clínicas, bem como ligações a bases de dados e organizações relacionadas.

Registo de Testes Genéticos (GTR): Um registo voluntário de testes genéticos e laboratórios, com informações detalhadas sobre os testes, tais como o que é medido e a validade analítica e clínica. O GTR também é um nexo para informações sobre condições genéticas e fornece ligações específicas a uma variedade de recursos, incluindo directrizes práticas, literatura publicada e dados/informações genéticas. O âmbito inicial do GTR inclui testes de um único gene para doenças mendelianas, bem como matrizes, painéis e testes farmacogenéticos.

Genoma: Contém dados de sequências e mapas dos genomas completos de mais de 1000 organismos. Os genomas representam tanto organismos completamente sequenciados como aqueles cuja sequenciação está em curso. Estão representados os três principais domínios da vida (bactérias, archaea e eucariota), bem como muitos vírus, fagos, viróides, plasmídeos e organelos.

Consórcio de Referência do Genoma (GRC): O Consórcio de Referência do Genoma (GRC) é responsável pelos genomas de referência do ser humano e do rato. Os membros são o Genome Center da Universidade de Washington, o Wellcome Trust Sanger Institute, o European Bioinformatics Institute (EBI) e o National Center for Biotechnology Information (NCBI). O GRC trabalha para corrigir os loci mal representados e para colmatar as lacunas de montagem remanescentes. Além disso, o GRC procura fornecer montagens alternativas para loci genómicos complexos ou estruturalmente variantes. No sítio Web do GRC (http://www.genomereference.org), o público pode ver as regiões genómicas atualmente em revisão, comunicar problemas relacionados com o genoma e contactar o GRC.

Glicanos: Uma página centralizada que fornece acesso e ligações a recursos relacionados com a glicoinformática e a glicobiologia.

HIV-1, Human Protein Interaction Database:Uma base de dados de interacções conhecidas de proteínas do HIV-1 com proteínas de hospedeiros humanos. Fornece bibliografias anotadas de relatórios publicados de interacções proteicas, com ligações para os registos PubMed correspondentes e dados de sequência.

Grupos de proteínas idênticas: Uma coleção de registos consolidados que descrevem proteínas identificadas em regiões de codificação anotadas no GenBank e RefSeq, bem como sequências de proteínas SwissProt e PDB. Este recurso permite aos investigadores obter resultados de pesquisa mais direccionados e identificar rapidamente uma proteína de interesse.

Vírus da gripe: Uma compilação de dados do Projeto de Sequenciação do Genoma da Gripe do NIAID e do GenBank. Fornece ferramentas para análise de sequências de gripe, anotação e submissão ao GenBank. Este recurso também tem ligações para outros recursos de sequenciação da gripe e publicações e informações gerais sobre os vírus da gripe.

Periódicos em bases de dados NCBI: Subconjunto da base de dados NLM Catalog que fornece informações sobre revistas que são referenciadas em registos da base de dados NCBI, incluindo resumos PubMed. Este subconjunto pode ser pesquisado utilizando o título da revista, a abreviatura MEDLINE ou ISO, o ISSN ou o ID do Catálogo NLM.

Base de dados MeSH: MeSH (Medical Subject Headings) é o vocabulário controlado da U.S. National Library of Medicine para indexação de artigos para MEDLINE/PubMed. A terminologia MeSH fornece uma maneira consistente de recuperar informações que podem usar terminologia diferente para os mesmos conceitos.

MedGen: Um portal de informações sobre genética médica. O MedGen inclui listas de termos de várias fontes e organiza-as em grupos e hierarquias de conceitos. Também são fornecidas ligações para informações relacionadas com esses conceitos no NIH Genetic Testing Registry (GTR), ClinVar, Gene, OMIM, PubMed e outras fontes.

Manual do kit de ferramentas C++ do NCBI: Um manual abrangente sobre o conjunto de ferramentas C++ do NCBI, incluindo a sua estrutura de conceção e desenvolvimento, uma referência de biblioteca C++, exemplos e demonstrações de software, FAQs e notas de lançamento. O manual é pesquisável online e pode ser descarregado como uma série de documentos PDF.

Página de Educação do NCBI: Fornece links para tutoriais e materiais de formação, incluindo slides em PowerPoint e folhetos para impressão.

Glossário do NCBI: Parte do Manual do NCBI, este glossário contém descrições de ferramentas e acrónimos do NCBI, termos de bioinformática e formatos de representação de dados.

Manual do NCBI: Uma extensa coleção de artigos sobre as bases de dados e software do NCBI. Concebido para um utilizador principiante, cada artigo apresenta uma visão geral do recurso e da sua conceção, juntamente com sugestões para pesquisar e utilizar as ferramentas de análise disponíveis. Todos os artigos podem ser pesquisados online e descarregados em formato PDF; o manual pode ser acedido através da NCBI Bookshelf.

Manual de Ajuda do NCBI: Acedido através da NCBI Bookshelf, o Manual de Ajuda contém documentação para muitos recursos do NCBI, incluindo PubMed, PubMed Central, o sistema Entrez, Gene, SNP e LinkOut. Todos os capítulos podem ser descarregados em formato PDF.

Projeto de deteção de agentes patogénicos do NCBI

Um projeto que envolve a recolha e análise de sequências genómicas de agentes patogénicos bacterianos provenientes de isolados alimentares, ambientais e de doentes. Atualmente, um sistema automatizado agrupa e identifica sequências fornecidas principalmente por laboratórios de saúde pública para ajudar na investigação de surtos de doenças de origem alimentar e descobrir potenciais fontes de contaminação alimentar.

Catálogo da Biblioteca Nacional de Medicina (NLM)

Dados bibliográficos de todos os periódicos, livros, audiovisuais, programas informáticos, recursos electrónicos e outros materiais que fazem parte do acervo da biblioteca.

Base de dados de nucleótidos

Uma coleção de sequências de nucleótidos de várias fontes, incluindo GenBank, RefSeq, a base de dados de Anotações de Terceiros (TPA) e PDB. A pesquisa na Base de Dados de Nucleótidos produzirá resultados disponíveis de cada uma das bases de dados que a compõem.

Herança Mendeliana no Homem em linha (OMIM)

Uma base de dados de genes humanos e doenças genéticas. O NCBI mantém o conteúdo atual e continua a apoiar a sua pesquisa e integração com outras bases de dados do NCBI. No entanto, a

OMIM tem agora uma nova casa em omim.org, e os utilizadores são direccionados para este site para visualizarem todos os registos.

PopSet

Base de dados de sequências de ADN relacionadas, provenientes de estudos comparativos: filogenéticos, populacionais, ambientais e, em menor grau, mutacionais. Cada registo na base de dados é um conjunto de sequências de ADN. Por exemplo, um conjunto populacional fornece informações sobre a variação genética num organismo, enquanto um conjunto filogenético pode conter sequências, e o seu alinhamento, de um único gene obtido de vários organismos relacionados.

Aglomerados de proteínas

Uma coleção de sequências de proteínas relacionadas (clusters), constituída por proteínas de sequências de referência codificadas por plasmídeos e genomas procarióticos e de organelos completos. A base de dados permite um acesso fácil a informações de anotação, publicações, domínios, estruturas, ligações externas e ferramentas de análise.

Base de dados de proteínas

Uma base de dados que inclui registos de sequências de proteínas de várias fontes, incluindo GenPept, RefSeq, Swiss-Prot, PIR, PRF e PDB.

Modelos de famílias de proteínas

Uma base de dados que inclui uma coleção de modelos que representam proteínas homólogas com uma função comum. Inclui arquitetura de domínios conservados, modelos ocultos de Markov e BlastRules. Um subconjunto destes modelos é utilizado pelo Pipeline de Anotação do Genoma Procariótico (PGAP) para atribuir nomes e outros atributos às proteínas previstas.

PubChem BioAssay

Consiste em dados de bioatividade depositados e descrições de ensaios de bioatividade utilizados para rastrear as substâncias químicas contidas na base de dados PubChem Substance, incluindo descrições das condições e dos resultados (níveis de bioatividade) específicos do procedimento de rastreio.

PubChem Composto

Contém estruturas químicas únicas e validadas (pequenas moléculas) que podem ser pesquisadas utilizando nomes, sinónimos ou palavras-chave. Os registos compostos podem estar ligados a mais do que um registo PubChem Substance se diferentes depositantes tiverem fornecido a mesma estrutura. Estes registos Compound reflectem informações validadas de representação química fornecidas para descrever substâncias no PubChem Substance. As estruturas armazenadas nos PubChem Compounds são pré-agrupadas e cruzadas por grupos de identidade e semelhança. Além disso, as propriedades calculadas e os descritores estão disponíveis para pesquisa e filtragem de estruturas químicas.

Substância PubChem

Os registos de substâncias PubChem contêm informações sobre substâncias submetidas eletronicamente à PubChem pelos depositantes. Isto inclui qualquer informação sobre a estrutura química submetida, bem como nomes químicos, comentários e ligações ao sítio Web do depositante.

PubMed

Uma base de dados de citações e resumos de literatura biomédica da MEDLINE e de outras revistas de ciências da vida. São fornecidas ligações quando as versões em texto integral dos artigos estão disponíveis através da PubMed Central (descrita abaixo) ou de outros sítios Web.

PubMed Central (PMC)

Um arquivo digital de texto integral de literatura de revistas biomédicas e de ciências da vida, incluindo medicina clínica e saúde pública.

RefSeqGene

Uma coleção de sequências genómicas de referência específicas de genes humanos. O gene RefSeq é um subconjunto da base de dados RefSeq do NCBI e é definido com base na revisão de curadores de bases de dados específicas de locus e da comunidade de testes genéticos. Constituem uma base estável para a comunicação de mutações, para o estabelecimento de convenções consistentes de numeração de intrões e exões e para a definição das coordenadas de outras variações biologicamente significativas. O RefSeqGene faz parte da Locus Reference Genomic (LRG) Collaboration.

Sequência de referência (RefSeq)

Uma coleção de sequências curadas e não redundantes de ADN genómico, transcritos (ARN) e proteínas produzidas pelo NCBI. As RefSeqs fornecem uma referência estável para a anotação do genoma, identificação e caraterização de genes, análise de mutações e polimorfismos, estudos de expressão e análises comparativas. O acesso à coleção RefSeq faz-se através das bases de dados de nucleótidos e de proteínas.

Recursos de retrovírus

Uma coleção de recursos especificamente concebidos para apoiar a investigação de retrovírus, incluindo uma ferramenta de genotipagem que utiliza o algoritmo BLAST para identificar o genótipo de uma sequência de consulta; uma ferramenta de alinhamento para o alinhamento global de múltiplas sequências; uma ferramenta de anotação automática de sequências do HIV-1; e mapas anotados de numerosos retrovírus visualizáveis em GenBank, FASTA e formatos gráficos, com ligações aos registos de sequências associados.

SARS CoV

Um resumo dos dados para o vírus corona da SRA (CoV), incluindo ligações para os dados de sequência e publicações mais recentes, ligações para outros recursos relacionados com a SRA e um alinhamento pré-computado de sequências genómicas de vários isolados.

Arquivo de Leitura de Sequências (SRA)

O Sequence Read Archive (SRA) armazena dados de sequenciação da próxima geração de plataformas de sequenciação, incluindo Roche 454 GS System®, Illumina Genome Analyzer®, Life

Technologies AB SOLiD System®, Helicos Biosciences Heliscope®, Complete Genomics® e Pacific Biosciences SMRT®.

Estrutura (Base de dados de modelação molecular)

Contém estruturas 3D macromoleculares derivadas do Protein Data Bank, bem como ferramentas para a sua visualização e análise comparativa.

Taxonomia

Contém os nomes e as linhagens filogenéticas de mais de 160.000 organismos que possuem dados moleculares nas bases de dados do NCBI. Novos taxa são adicionados à base de dados Taxonomia à medida que os dados são depositados para eles.

Base de dados de Anotações de Terceiros (TPA)

Uma base de dados que contém sequências criadas a partir dos dados de sequências primárias existentes no GenBank. As sequências e as anotações correspondentes são suportadas experimentalmente e foram publicadas numa revista científica revista por pares. Os registos TPA são obtidos através da base de dados de nucleótidos.

Arquivo de traços

Um repositório de cromatogramas (traços) de sequências de ADN, chamadas de bases e estimativas de qualidade para leituras de passagem única de vários projectos de sequenciação em grande escala.

Genomas virais

Uma vasta gama de recursos, incluindo um breve resumo da biologia dos vírus, ligações para sequências de genomas virais no Entrez Genome e informações sobre Sequências de Referência virais, uma coleção de sequências de referência para milhares de genomas virais.

Variação de vírus

Uma extensão do recurso do vírus da gripe a outros organismos, fornecendo uma interface para descarregar conjuntos de sequências de vírus seleccionados, ferramentas de análise, incluindo páginas BLAST específicas de vírus, e condutas de anotação de genomas.

Transferências

BLAST (autónomo)

Os executáveis BLAST para uso local são fornecidos para os sistemas Solaris, LINUX, Windows e MacOSX. Consulte o ficheiro README no diretório ftp para obter mais informações. Bases de dados pré-formatadas para buscas BLAST de nucleotídeos, proteínas e traduções também estão disponíveis para download no subdiretório db.

FTP: Bases de dados BLAST

Bases de dados de sequências para utilização com os programas BLAST autónomos. Os ficheiros neste diretório são bases de dados pré-formatadas que estão prontas a utilizar com o BLAST.

FTP: CDD

Este site fornece registos de dados completos para CDD, juntamente com Matrizes de Pontuação Específica de Posição (PSSMs) individuais, sequências mFASTA e dados de anotação para cada domínio conservado. Ver o ficheiro README para mais informações.

FTP: Dados ClinVar

Este sítio fornece extracções de dados completos em XML e dados resumidos em formato VCF. Contém ficheiros com informações sobre termos padrão utilizados no ClinVar, MedGen e GTR.

FTP: Bases de dados FASTA BLAST

Bases de dados de sequências em formato FASTA para utilização com os programas BLAST autónomos. Estas bases de dados têm de ser formatadas utilizando formatdb antes de poderem ser utilizadas com o BLAST.

FTP: GenBank

Este site contém ficheiros para todos os registos de sequências no GenBank no formato de ficheiro plano predefinido. Os ficheiros estão organizados por divisão do GenBank e o conteúdo completo está descrito no ficheiro README.genbank.

FTP: GenPept

As sequências de proteínas correspondentes às traduções das sequências de codificação (CDS) no GenBank são recolhidas para cada versão do GenBank.

FTP: Gene

Este sítio contém três directórios: DATA, GeneRIF e ferramentas. O diretório DATA contém ficheiros que listam todos os dados ligados a GeneIDs, juntamente com subdirectórios que contêm dados ASN.1 para os registos de genes. O diretório GeneRIF (Gene References into Function) contém identificadores PubMed para artigos que descrevem a função de um único gene ou interacções entre produtos de dois genes. No diretório tools são fornecidos exemplos de programas para a manipulação de dados de genes. Para mais informações, consulte o ficheiro README.

FTP: Perfis e conjuntos de dados do Gene Expression Omnibus (GEO)

Este sítio contém dados GEO em dois formatos: SOFT (Simple Omnibus in Text Format) e MINiML (MIAME Notation in Markup Language). Estão também disponíveis ficheiros de texto de resumo e dados suplementares. Para mais informações, consulte o ficheiro README.TXT.

FTP: Genoma

Este sítio contém a sequência do genoma e dados de mapeamento para organismos no Entrez Genome. Os dados estão organizados em directórios para espécies individuais ou grupos de espécies. Os dados de mapeamento são recolhidos no diretório MapView e estão organizados por espécie. Consulte o ficheiro README no diretório raiz e os ficheiros README nos subdirectórios das espécies para obter informações detalhadas.

FTP: Dados do mapeamento do genoma

Contém directórios para cada genoma que incluem dados de mapeamento disponíveis para compilações actuais e anteriores desse genoma.

FTP: Taxonomia NCBI

Este sítio contém a base de dados taxonómica completa, juntamente com ficheiros que associam registos de sequências de nucleótidos e proteínas às suas identificações taxonómicas. Ver os ficheiros taxdump_readme.txt e gi_taxid.readme para mais informações.

FTP: PubChem

Este sítio fornece dados das bases de dados de Substâncias, Compostos e Bioensaios da PubChem para descarregamento via ftp. Estão disponíveis descargas completas das bases de dados, juntamente com actualizações diárias, semanais e mensais para Substâncias e Compostos. Os dados de Substâncias e Compostos são fornecidos nos formatos ASN.1, SDF e XML. Consulte os ficheiros README para obter mais informações.

FTP: RefSeq

Este site contém todos os registos de sequências de nucleótidos e proteínas na coleção Reference Sequence (RefSeq). O diretório ""release"" contém a versão mais atual da coleção completa, enquanto os dados para organismos seleccionados (como o ser humano, o rato e a ratazana) estão disponíveis em directórios separados. Os dados estão disponíveis nos formatos FASTA e ficheiro plano. Veja o ficheiro README para mais detalhes.

FTP: Dados SKY/M-Fish e CGH

Este sítio contém dados SKY-CGH nos formatos ASN.1, XML e EasySKYCGH. Ver o ficheiro skycghreadme.txt para mais informações.

FTP: SNP

Dados descarregáveis para SNP.

FTP: Arquivo de Leitura de Sequências (SRA) Facilidade de descarregamento

Este sítio contém dados de sequenciação de nova geração organizados pelo projeto de sequenciação apresentado.

FTP: Sítio

Sítio de descarregamento FTP para bases de dados, ferramentas e utilitários do NCBI.

FTP: Estrutura (MMDB)

Este site contém dados ASN.1 para todos os registos na MMDB, juntamente com dados de alinhamento VAST e os conjuntos de dados não redundantes da PDB (nr-PDB). Veja o ficheiro README para mais informações.

FTP: Arquivo de traços

Este sítio contém os dados do cromatograma de rastreio organizados por espécie. Os dados incluem cromatogramas, pontuações de qualidade, sequências FASTA de chamadas de base automáticas e outras informações auxiliares em texto delimitado por separadores e em formatos XML. Consulte o ficheiro README para obter mais informações.

FTP: UniVec

Este sítio contém as bases de dados UniVec e UniVec_Core em formato FASTA. Veja o ficheiro README.uv para mais detalhes.

FTP: Sequências de todo o genoma

Este sítio contém dados de sequências shotgun do genoma completo organizados pelo código de projeto de 4 dígitos. Os dados incluem ficheiros simples GenBank e GenPept, classificações de qualidade e estatísticas resumidas. Consulte o ficheiro README.genbank.wgs para obter mais informações.

FTP: Dados de acesso livre do dbGAP

Os dados de acesso livre incluem geralmente resumos de estudos de associação genótipo/fenótipo, descrições das variáveis medidas e documentos do estudo, tais como o protocolo e os questionários. O acesso a dados a nível individual, incluindo tabelas de dados fenotípicos e genótipos, requer vários níveis de autorização.

MEDLINE (Aluguer)

A NLM aluga a MEDLINE/PubMed a indivíduos ou organizações dos EUA.

Especificações de dados NCBI

As especificações para os dados NCBI em formato ASN.1 ou DTD estão disponíveis na página Índice de data_specs. O ficheiro "NCBI_data_conversion.html" liga à ferramenta de conversão.

DTDs da Biblioteca Nacional de Medicina (NLM)

Um conjunto de conjuntos de etiquetas para a criação e arquivo de artigos de periódicos, bem como para a transferência de artigos de periódicos de editores para arquivos e entre arquivos. Existem quatro conjuntos de etiquetas: Conjunto de etiquetas para arquivo e intercâmbio - Criado para permitir que um arquivo capte o maior número possível de componentes estruturais e semânticos de material de periódico impresso e etiquetado existente; Conjunto de etiquetas para publicação de periódicos - Optimizado para arquivos que pretendem regularizar e controlar o seu conteúdo, não aceitando a sequência e a disposição que lhes são apresentadas por um editor em particular; Conjunto de etiquetas para criação de artigos - Concebido para a criação de novos artigos de periódicos; Conjunto de etiquetas para livros do NCBI - Escrito especificamente para descrever volumes para as bibliotecas em linha do NCBI.

Serviço de descarregamento PubChem

Este serviço permite aos utilizadores descarregar registos de compostos ou substâncias correspondentes a um conjunto de identificadores PubChem, que podem ser fornecidos manualmente ou através de um ficheiro de texto. Estão disponíveis vários formatos de descarregamento, incluindo SDF, XML e SMILES.

PubMed Central (PMC) Subconjunto de acesso aberto

O subconjunto de acesso livre da PMC é uma parte relativamente pequena da coleção total de artigos da PMC. Enquanto a maioria dos artigos na PMC está sujeita a restrições tradicionais de direitos de autor, estes artigos estão protegidos por direitos de autor, mas são disponibilizados ao abrigo de uma licença Creative Commons ou similar que geralmente permite uma redistribuição e reutilização mais liberais do que os direitos de autor tradicionais. Consulte a declaração de licença em cada artigo para obter os termos de utilização específicos.

Feeds RSS

Subscreva os feeds Web/RSS para obter actualizações sobre os recursos do NCBI.

Submissões

Apresentação de BioProjectos

Um formulário em linha que fornece uma interface para investigadores, consórcios e organizações registarem os seus BioProjectos. Este serve como ponto de partida para a apresentação de dados genómicos e genéticos para o estudo. Os dados não precisam de ser apresentados no momento do registo do BioProjecto.

Submissões ClinVar

Orientações e instruções para a apresentação de afirmações sobre a patogenicidade de variantes genéticas humanas. Estas apresentações podem incluir dados resumidos sobre uma variante (nível de variante/dados agregados); está a ser desenvolvido o suporte para variantes por caso (nível de caso).

Políticas de apresentação de dados da base de dados de genótipos e fenótipos (dbGaP)

Directrizes e requisitos para a apresentação de dados de associação de genótipos e fenótipos à dbGaP.

GenBank: BankIt

Uma ferramenta de submissão de sequências baseada na Web para uma ou algumas submissões à base de dados GenBank, concebida para tornar o processo de submissão rápido e fácil.

GenBank: Código de barras

Ferramenta para submissão à base de dados GenBank de sequências curtas de nucleótidos Barcode de um locus genético padrão para utilização na identificação de espécies.

GenBank: Sequin

Uma ferramenta de software autónoma desenvolvida pelo NCBI para submeter e atualizar entradas em bases de dados de sequências públicas (GenBank, EMBL ou DDBJ). Tem capacidade para processar submissões simples que contenham uma única sequência curta de mRNA, submissões complexas que contenham sequências longas, anotações múltiplas, conjuntos segmentados de ADN, bem como sequências de estudos filogenéticos e populacionais com alinhamentos. Para submissões simples, utilize antes a ferramenta de submissão em linha BankIt.

GenBank: tbl2asn

Um programa de linha de comandos que automatiza a criação de registos de sequências para submissão ao GenBank, utilizando muitas das mesmas funções do Sequin. É utilizado principalmente para a submissão de genomas completos e grandes lotes de sequências.

Gene Expression Omnibus (GEO) Depósito na Web

Enviar dados de expressão, tais como conjuntos de dados de microarray, SAGE ou espetrometria de massa para a base de dados NCBI Gene Expression Omnibus (GEO).

GeneRIF

GeneRIF fornece um mecanismo simples que permite aos cientistas acrescentarem à anotação funcional dos genes na base de dados Gene.

Envio de registos de testes genéticos (GTR)

Orientações e instruções para o registo de laboratórios e para a apresentação de informações sobre testes genéticos, incluindo testes clínicos e de investigação para alvos de testes de linha germinal ou somáticos. O GTR acolhe favoravelmente o registo de testes citogenéticos, bioquímicos e moleculares para doenças mendelianas, fenótipos farmacogenéticos e painéis complexos.

NIH Manuscript Submissions (NIHMS)

O Sistema de Submissão de Manuscritos dos NIH (NIHMS) é utilizado para submeter manuscritos resultantes de financiamento dos NIH ao arquivo digital PubMed Central, de acordo com a Política de Acesso Público dos NIH e a lei que esta implementa. A lei e a Política de Acesso Público têm como objetivo garantir que o público tem acesso aos resultados publicados da investigação financiada pelos NIH.

PubChem Upload

Este site permite aos utilizadores submeter dados às bases de dados PubChem Substance e BioAssay, incluindo estruturas químicas, resultados de actividades biológicas experimentais, anotações, dados de siRNA e muito mais. Também pode ser utilizado para atualizar registos previamente submetidos.

Ferramenta de envio de SNP

A página das ferramentas da base de dados SNP contém ligações para as directrizes gerais de apresentação e para o pedido de manuseamento da apresentação. A página tem também duas hiperligações específicas para submissões individuais ou em lote dos dados de variação humana utilizando a nomenclatura da Human Genome Variation Society.

Envio de arquivos de leitura de sequências

Esta ligação descreve como os remetentes de dados SRA podem obter um sítio FTP seguro do NCBI para os seus dados e também descreve os formatos de dados e as estruturas de directórios permitidos.

Portal de apresentação de propostas

Um ponto de entrada único para os remetentes ligarem-se e encontrarem informações sobre todos os processos de submissão de dados no NCBI. Atualmente, serve de interface para o registo de BioProjects e BioSamples e para a apresentação de dados para WGS e GTR. Estão previstas futuras adições a este sítio.

Envio de arquivos de traços

Esta ligação descreve como os remetentes de dados de rastreio podem obter um sítio FTP seguro do NCBI para os seus dados e descreve também os formatos de dados e as estruturas de directórios permitidos.

Ferramentas

Navegador 1000 Genomes

Um visualizador gráfico interativo que permite aos utilizadores explorar chamadas de variantes, chamadas de genótipos e provas de apoio (tais como leituras de sequências alinhadas) que foram produzidas pelo Projeto 1000 Genomas.

Explorador de Aminoácidos

Esta ferramenta permite aos utilizadores explorar as características dos aminoácidos, comparando as suas propriedades estruturais e químicas, prevendo alterações na sequência de proteínas causadas por mutações, visualizando substituições comuns e pesquisando as funções de determinados resíduos em domínios conservados.

BLAST Genomas microbianos

Efectua uma pesquisa BLAST de sequências semelhantes a partir de genomas eucarióticos e procarióticos completos seleccionados.

BLAST RefSeqGene

Efectua uma pesquisa BLAST das sequências genómicas no conjunto RefSeqGene/LRG. O ecrã predefinido permite uma navegação rápida para rever os alinhamentos no ecrã Graphics.

Tutoriais e guias BLAST

Esta página liga a uma série de tutoriais e guias relacionados com o BLAST, incluindo um guia de seleção de algoritmos BLAST, descrições dos formatos de saída BLAST, explicações dos parâmetros para o BLAST autónomo, instruções para configurar o BLAST autónomo em máquinas locais e utilizar a API URL do BLAST.

Ferramenta de pesquisa de alinhamento local básico (BLAST)

Encontra regiões de semelhança local entre sequências biológicas. O programa compara sequências de nucleótidos ou de proteínas com bases de dados de sequências e calcula o significado estatístico das correspondências. O BLAST pode ser utilizado para inferir relações funcionais e evolutivas entre sequências, bem como para ajudar a identificar membros de famílias de genes.

Lote Entrez

Permite recuperar registos de muitas bases de dados Entrez carregando um ficheiro de números de IG ou de acesso das bases de dados de nucleótidos ou de proteínas, ou um ficheiro de identificadores únicos de outras bases de dados Entrez. Os resultados da pesquisa podem ser guardados em vários formatos diretamente num ficheiro local do seu computador.

CDTree

Uma aplicação autónoma para classificar sequências de proteínas e investigar as suas relações evolutivas. A CDTree pode importar, analisar e atualizar registos e hierarquias de domínios conservados (CDD) existentes e também permite que os utilizadores criem os seus próprios registos. CDTree está estreitamente integrado com Entrez CDD e Cn3D e permite aos utilizadores criar e atualizar alinhamentos de domínios de proteínas.

COBALT

O COBALT é uma ferramenta de alinhamento múltiplo de sequências de proteínas que encontra uma coleção de restrições de pares derivadas da base de dados de domínios conservados, da base de dados de motivos de proteínas e da semelhança de sequências, utilizando RPS-BLAST, BLASTP e PHI-BLAST.

Cn3D

Uma aplicação autónoma para visualizar estruturas tridimensionais do serviço de recuperação Entrez do NCBI. O Cn3D é executado no Windows, Macintosh e UNIX e pode ser configurado para receber dados dos navegadores da Web mais populares. O Cn3D apresenta simultaneamente a estrutura, a sequência e o alinhamento, e possui poderosas funcionalidades de edição de anotações e alinhamento.

Pausa para café

Parte do NCBI Bookshelf, Coffee Break combina relatórios sobre descobertas biomédicas recentes com a utilização de ferramentas do NCBI. Cada relatório incorpora tutoriais interactivos que mostram como as ferramentas de bioinformática do NCBI são utilizadas como parte do processo de investigação.

Ferramenta de recuperação da arquitetura de domínios conservados (CDART)

Apresenta os domínios funcionais que compõem uma determinada sequência de proteínas. Enumera proteínas com arquitecturas de domínio semelhantes e pode obter proteínas que contêm combinações específicas de domínios.

Serviço de pesquisa de domínios conservados (CD Search)

Identifica os domínios conservados presentes numa sequência de proteínas. O CD-Search utiliza o RPS-BLAST (Reverse Position-Specific BLAST) para comparar uma sequência de consulta com matrizes de pontuação específicas da posição que foram preparadas a partir de alinhamentos de domínios conservados presentes na Base de Dados de Domínios Conservados (CDD).

E-Utilidades

Ferramentas que fornecem acesso aos dados do sistema Entrez do NCBI fora da interface de consulta normal da Web. Fornecem um método para automatizar tarefas Entrez em aplicações de software. Cada utilitário executa uma tarefa de recuperação especializada e pode ser utilizado simplesmente escrevendo um URL especialmente formatado.

Ebot

Uma ferramenta que permite aos utilizadores construir um pipeline de análise E-utility utilizando um formulário em linha e, em seguida, gera um script Perl para executar o pipeline.

BLAST do Gene Expression Omnibus (GEO)

Ferramenta para alinhar uma sequência de consulta (nucleótido ou proteína) com sequências GenBank incluídas em plataformas de microarray ou SAGE na base de dados GEO.

Códigos genéticos

Apresenta os códigos genéticos dos organismos na base de dados Taxonomy em tabelas e numa árvore taxonómica.

BLAST do genoma

Esta ferramenta compara sequências de nucleótidos ou proteínas com bases de dados de sequências genómicas e calcula o significado estatístico das correspondências utilizando o algoritmo BLAST (Basic Local Alignment Search Tool).

Visualizador de dados do genoma (GDV)

Um navegador de genomas para navegação interactiva de conjuntos de genomas eucarióticos RefSeq com inspeção abrangente de genes, expressões, variações e outras anotações. O GDV oferece pré-configurações de pistas analíticas fáceis de carregar, um menu de pistas de dados para facilitar a visualização e a personalização, e suporta o carregamento e a análise de dados do utilizador. Este navegador também permite a produção de ecrãs para publicação.

Página de decoração do genoma

Uma ferramenta em linha que ajuda na produção de figuras de anotações de qualidade jornalística num ideograma ou na representação sequencial de uma montagem.

Serviço de remapeamento do genoma

A ferramenta Remap do NCBI permite aos utilizadores projetar dados de anotação e converter localizações de características de um conjunto genómico para outro ou para sequências RefSeqGene através de uma análise base a base. São fornecidas opções para ajustar o rigor do remapeamento, e os resultados resumidos são apresentados na página Web. Os resultados completos podem ser descarregados para visualização no visualizador gráfico Genome Workbench do NCBI, e os dados de anotação para as características remapeadas, bem como os dados de resumo, também estão disponíveis para descarregamento.

Banco de dados do genoma

Uma aplicação integrada para visualizar e analisar dados de sequências. Com o Genome Workbench, pode visualizar dados em bases de dados de sequências publicamente disponíveis no NCBI e misturar esses dados com os seus próprios dados.

LinkOut

Um serviço que permite a terceiros estabelecer ligações directas a partir dos registos da PubMed e de outras bases de dados Entrez para recursos relevantes acessíveis na Web para além do sistema Entrez. Exemplos de recursos LinkOut incluem publicações de texto integral, bases de dados biológicas, informações sobre saúde do consumidor e ferramentas de investigação.

Visualizador de mapas

Fornece capacidades especiais de navegação de mapas e sequências montadas para um subconjunto de organismos. É possível visualizar e pesquisar o genoma completo de um organismo, apresentar mapas e aumentar progressivamente os níveis de pormenor, até aos dados de sequência de uma região de interesse.

Visualizador de alinhamento de sequências múltiplas

Uma aplicação Web interactiva que permite aos utilizadores visualizar vários alinhamentos criados por resultados de pesquisas em bases de dados ou outras aplicações de software. O MSA Viewer permite aos utilizadores carregar um alinhamento e definir uma sequência principal, e explorar os dados utilizando funcionalidades como o zoom e a mudança de coloração.

Notícias do NCBI

Fornece informações sobre recursos novos e actualizados e projectos de investigação e desenvolvimento do NCBI. O sítio de notícias contém artigos que destacam serviços, recursos e ferramentas, bem como publicações frequentes que descrevem anúncios importantes sobre conjuntos de dados e serviços importantes de interesse para a comunidade de utilizadores. São fornecidas ligações para os sítios das redes sociais do NCBI e uma lista de feeds RSS e listservs de correio eletrónico disponíveis.

Caixa de ferramentas NCBI

Um conjunto de especificações de software e de intercâmbio de dados utilizado pelo NCBI para produzir software portátil e modular para biologia molecular. O software da Toolbox foi concebido principalmente para ler registos no formato Abstract Syntax Notation 1 (ASN.1), um formato de representação de dados da International Standards Organization (ISO).

OSIRIS

Um pacote de software de garantia de qualidade de domínio público que facilita a avaliação de perfis de ADN multiplex de repetições curtas em tandem (STR) com base em protocolos específicos de laboratório. O OSIRIS avalia os dados brutos de eletroforese utilizando um algoritmo de dimensionamento de base matemática derivado de forma independente. Oferece duas novas medidas de qualidade de pico - nível de ajuste e residual de dimensionamento. Pode ser personalizado para acomodar assinaturas específicas do laboratório, tais como definições de ruído de fundo, convenções de nomeação personalizadas e controlos laboratoriais internos adicionais.

Localizador de quadros de leitura aberta (ORF Finder)

Uma ferramenta de análise gráfica que encontra todos os quadros de leitura abertos na sequência de um utilizador ou numa sequência já existente na base de dados. Podem ser utilizados dezasseis códigos genéticos diferentes. A sequência de aminoácidos deduzida pode ser guardada em vários formatos e pesquisada em bases de dados de proteínas utilizando o BLAST.

Visualizador PSSM

Permite aos utilizadores visualizar, ordenar, subconjuntar e descarregar matrizes de pontuação específicas da posição (PSSMs) a partir de registos CDD ou de pesquisas de proteínas Position Specific Iterated (PSI)-BLAST. A ferramenta também pode alinhar uma proteína de consulta com a PSSM e realçar posições de elevada conservação.

Integrador fenótipo-genótipo (PheGenI)

Permite encontrar relações fenótipo/genótipo humano com consultas por fenótipo, localização cromossómica, gene e identificadores SNP. Atualmente inclui informações do dbGaP, do catálogo NHGRI GWAS e do GTEX. Apresenta resultados no genoma, na sequência ou em tabelas para descarregamento.

Primer-BLAST

A ferramenta Primer-BLAST utiliza o Primer3 para conceber primers de PCR para um modelo de sequência. Os produtos potenciais são então analisados automaticamente com uma pesquisa BLAST em bases de dados especificadas pelo utilizador, para verificar a especificidade do alvo pretendido.

ProSplign

Um utilitário para calcular o alinhamento de proteínas com a sequência de nucleótidos genómicos. Baseia-se numa variação do algoritmo de alinhamento global Needleman Wunsch e considera especificamente os intrões e os sinais de emenda. Devido a este algoritmo, o ProSplign é preciso na determinação de locais de emenda e tolerante a erros de sequenciação.

PubChem Power User Gateway (PUG)

O PUG fornece acesso aos serviços PubChem através de uma interface programática. O PUG permite aos utilizadores descarregar dados, iniciar pesquisas de estruturas químicas, normalizar estruturas químicas e interagir com os E-utilities. O PUG pode ser acedido utilizando URLs padrão ou via SOAP.

Serviço de Normalização PubChem

A padronização, na terminologia da PubChem, é o processamento de estruturas químicas da mesma forma usada para criar registos de compostos PubChem a partir das estruturas originais dos contribuidores. Este serviço permite que os utilizadores vejam como o PubChem trataria qualquer estrutura que gostariam de submeter.

Pesquisa de estruturas PubChem

O PubChem Structure Search permite que a base de dados de compostos PubChem seja consultada por estrutura química ou padrão de estrutura química. O PubChem Sketcher permite que uma consulta seja desenhada manualmente. Os utilizadores podem também especificar a entrada da consulta estrutural através do Identificador de Composto PubChem (CID), SMILES, SMARTS, InChI, Fórmula Molecular ou através do carregamento de um formato de ficheiro de estrutura suportado.

Consultas clínicas PubMed

Um formulário de pesquisa especializado do PubMed destinado a clínicos e investigadores de serviços de saúde. A página simplifica a pesquisa por categoria de estudo clínico, a procura de revisões sistemáticas e a pesquisa na literatura de genética médica.

Tutoriais PubMed

Uma coleção de tutoriais na Web e em flash sobre pesquisa e ligação ao PubMed, guardar pesquisas no MyNCBI, utilizar o MeSH e outros serviços PubMed.

Estruturas relacionadas

A ferramenta Related Structures (Estruturas Relacionadas) permite aos utilizadores encontrar estruturas 3D da Base de Dados de Modelação Molecular (MMDB) que são semelhantes em sequência a uma proteína de consulta. Embora a proteína em causa possa ainda não ter uma estrutura resolvida, a forma 3D de uma sequência de proteínas semelhante pode esclarecer a forma putativa e a função biológica da proteína em causa.

Ferramentas de pesquisa especializadas da base de dados SNP

Está disponível uma variedade de ferramentas para pesquisar a base de dados SNP, permitindo a pesquisa por genótipo, método, população, transmitente, marcadores e semelhança de sequências utilizando o BLAST. Estas ferramentas estão ligadas em ""Search"" na barra lateral esquerda da página principal da dbSNP.

Serviço de Conversão Citogenética de Sequências

Uma ferramenta em linha que converte coordenadas de sequência e citogenéticas para conjuntos genómicos de humanos, ratos, ratinhos e moscas da fruta.

Visualizador de sequências

Fornece uma apresentação gráfica configurável de uma sequência de nucleótidos ou proteínas e características que foram anotadas nessa sequência. Para além da utilização nas páginas da base de dados de sequências do NCBI, este visualizador está disponível como um componente de página Web incorporável. Está disponível documentação detalhada, incluindo um guia de referência da API, para os programadores que pretendam incorporar o visualizador nas suas próprias páginas.

Splign

Um utilitário para calcular alinhamentos de sequências de cDNA para genómica. Baseia-se numa variação do algoritmo de alinhamento global Needleman-Wunsch e considera especificamente os intrões e os sinais de emenda. Devido a este algoritmo, o Splign é exato na determinação de locais de emenda e tolerante a erros de sequenciação.

Navegador de taxonomia

Suporta a pesquisa na árvore taxonómica utilizando nomes taxonómicos parciais, nomes comuns, caracteres selvagens e nomes foneticamente semelhantes. Para cada nó taxonómico, a ferramenta fornece ligações a todos os dados no Entrez para esse nó, apresenta a linhagem e fornece ligações a sítios externos relacionados com o nó.

Taxonomia Árvore comum

Gera uma árvore taxonómica para um grupo selecionado de organismos. Os utilizadores podem carregar um ficheiro de IDs ou nomes de taxonomia, ou podem introduzir nomes ou IDs diretamente.

Estatísticas da taxonomia

Apresenta o número de nós taxonómicos na base de dados para uma determinada classificação e data de inclusão.

Relatórios de estado da taxonomia

Apresenta o estado atual de um conjunto de nós taxonómicos ou IDs.

Visualizador de árvores

Uma ferramenta para criar e apresentar dados de árvores filogenéticas. O Tree Viewer permite a análise dos seus próprios dados de sequência, produz imagens vectoriais imprimíveis como PDFs e pode ser incorporado numa página Web.

Visualizador de variações

Um navegador genómico para pesquisar e visualizar variações genómicas listadas nas bases de dados dbSNP, dbVar e ClinVar. As pesquisas podem ser efectuadas utilizando a localização cromossómica, o símbolo do gene, o fenótipo ou as identificações de variantes da dbSNP e da dbVar. O browser permite a exploração dos resultados num visualizador de sequências gráficas dinâmico com tabelas de variações anotadas.

VecScreen

Um sistema para identificar rapidamente segmentos de uma sequência de ácido nucleico que podem ser de origem vetorial. O VecScreen procura numa sequência de consulta segmentos que correspondam a qualquer sequência numa base de dados especializada e não redundante de vectores (UniVec).

Ferramenta de pesquisa de alinhamento de vectores (VAST)

Um algoritmo informático que identifica estruturas tridimensionais de proteínas semelhantes. Os vizinhos de estrutura para cada estrutura na MMDB são pré-computados e acessíveis através de ligações nas páginas de resumo de estrutura da MMDB. Estes vizinhos podem ser utilizados para identificar homólogos distantes que não podem ser reconhecidos apenas por comparação de sequências.

Ferramenta de genotipagem viral

Esta ferramenta ajuda a identificar o genótipo de uma sequência viral. Uma janela é deslizada ao longo da sequência de consulta e cada janela é comparada por BLAST com cada uma das sequências de referência de um determinado vírus.

Como fazer

- Guardar pesquisas de texto e configurar pesquisas automáticas com resultados enviados por e-mail
- Enviar dados para o NCBI
- Encontrar informações sobre glicanos e recursos de glicobiologia
- Encontrar bioensaios em que um determinado medicamento é ativo
- Encontrar bioensaios que testem uma determinada doença ou proteína alvo
- Enviar dados de sequência ao NCBI

- Descarregar o software NCBI
- Recuperar todas as sequências de um organismo ou taxon
- Encontrar a função de um gene ou produto de gene
- Obter a sequência genómica para/próximo de um gene, marcador, transcrição ou proteína
- Ver todos os SNP associados a um gene
- Encontrar padrões de expressão
- Encontrar genes associados a um fenótipo ou doença
- Encontrar variações humanas associadas a um fenótipo ou doença (associação clínica)
- Ver/transferir características em torno de um objeto ou entre dois objectos num cromossoma
- Procurar genomas sequenciados, incluindo os que estão em curso, para um grupo taxonómico
- Comparar homólogos de proteínas entre dois genomas microbianos
- Descarregar o genoma completo de um organismo
- Converter coordenadas de características entre conjuntos genómicos
- Apresentar graficamente a anotação genómica
- Determinar a sintenia conservada entre os genomas de dois organismos
- Encontrar um homólogo de um gene noutro organismo
- Obter o texto integral de um artigo
- Encontrar artigos sobre um tópico semelhante ao de um determinado artigo
- Procurar sequências de transcrição para um gene
- Ligação de um objeto num mapa a outro recurso
- Visualizar a estrutura 3D de uma proteína
- Encontrar uma versão com curadoria de um registo de sequência (Sequência de Referência NCBI)
- Alinhar duas ou mais estruturas 3D a uma determinada estrutura
- Procurar informações publicadas sobre um gene ou sequência

- Executar o software BLAST num computador local
- Submeter várias sequências de consulta numa única pesquisa BLAST
- Automatizar as pesquisas BLAST efectuadas nos servidores do NCBI
- Conceber primers de PCR e verificar a sua especificidade
- Compare a sua sequência com a norma RefSeqGene/LRG
- Gerar uma árvore comum para um conjunto de taxa
- Encontrar a linhagem taxonómica completa de um organismo
- Saiba mais sobre um recurso NCBI
- Conhecer as noções básicas de biologia molecular e bioinformática
- Descubra o que há de novo no NCBI
- Visualizar um local de mutação numa estrutura 3D
- Visualizar dados de frequência genotípica para um gene, doença ou variação genética curta
- Descarregar um conjunto grande e personalizado de registos do NCBI

1. Como fazer: Guardar pesquisas de texto e configurar pesquisas automáticas com resultados enviados por correio eletrónico

Existe um tutorial sobre este assunto.

Pode guardar, automatizar as suas pesquisas e receber os resultados por correio eletrónico através de uma conta MyNCBI gratuita. O acesso ao MyNCBI está disponível no topo de todas as páginas de pesquisa da base de dados NCBI.

A partir da página inicial do MyNCBI.

1. Inicie sessão para utilizar uma conta existente ou clique em Registar uma conta para criar uma nova conta.
2. Efetuar a pesquisa para ser guardada ou actualizada regularmente na base de dados de interesse.

3. Clique na ligação de pesquisa "Guardar pesquisa" que aparece perto do topo da página de resultados da pesquisa.

4. No MyNCBI, guarde a pesquisa e escolha as definições para as actualizações automáticas por e-mail. Estas definições podem ser modificadas em qualquer altura acedendo à conta MyNCBI.

2. Como fazer: Enviar dados para o NCBI

A começar por...

DADOS DA SEQUÊNCIA

Para obter orientação sobre o processo de submissão da(s) sua(s) sequência(s), consulte Como fazer: Submeter dados de sequências ao NCBI.

Os seus dados serão enviados para uma das seguintes bases de dados:

- GenBank
- Arquivo de Leitura de Sequências (SRA)
- dbSNP
- dbVar
- GEO

DADOS DE MICROARRAY

Se tiver dados de microarray de estudos clínicos que exijam acesso controlado, deve enviar os seus dados para a dbGaP.

Para todos os outros dados de microarray, deve submeter os seus dados ao GEO através da página de submissão do GEO.

DADOS DE BIOENSAIOS, REAGENTES BASEADOS EM SUBSTÂNCIAS OU SEQUÊNCIAS

Os dados do bioensaio e as informações sobre as substâncias químicas devem ser enviados para a PubChem através do PubChem Upload Service.

A submissão de reagentes baseados em sequências deve ser efectuada na base de dados Probe através do protocolo de submissão Probe.

DADOS CLÍNICOS HUMANOS E TESTES GENÉTICOS

Se tiver dados de estudos clínicos, deve submetê-los ao dbGaP.

Se for um fornecedor de testes genéticos, pode enviar as suas informações ao GTR conforme descrito aqui.

UM MANUSCRITO

Se tiver um manuscrito ou publicação que precise de ser depositado na Base de Dados PubMed Central para cumprir a Política de Acesso Público dos NIH, deve seguir os passos aqui descritos.

3. Como fazer: Encontrar informações sobre glicanos e recursos de glicobiologia

Para encontrar informações sobre glicanos e recursos de glicobiologia.

visite a página inicial dos Recursos de Glicanos

Para saber mais sobre as convenções de nomenclatura dos glicanos...

aceda à página "Nomenclatura de símbolos para glicanos

Para saber mais sobre glicobiologia...

aceda ao livro de texto "Essentials of Glycobiology, 3rd edition"

4. Como fazer: Encontrar bioensaios em que um determinado fármaco é ativo

A começar por...

NOME DE UM MEDICAMENTO

1. Procurar o nome do medicamento na página inicial do PubChem Compound.
2. Clique no número junto a *BioAssays: Active (Ativo)* em *Bioactivity Experiments (Experiências de bioatividade)* no painel direito.

UM PUBCHEM SID (ID DA SUBSTÂNCIA) OU CID (ID DO COMPOSTO) PARA O MEDICAMENTO

1. Procurar o SID ou CID no PubChem Substance ou PubChem Compound.
2. Continuar com o passo 2 em "um nome de medicamento" acima.

UMA FÓRMULA MOLECULAR

1. Aceda à página PubChem Structure Search.
2. Clique no título "Fórmula molecular".

3. Introduza a fórmula molecular na caixa de pesquisa e clique no botão Pesquisar. (As fórmulas moleculares são sensíveis a maiúsculas e minúsculas, por exemplo, C6H11O6Cl)

4. Continuar com o passo 2 em "um nome de medicamento" acima.

UMA CADEIA DE SORRISOS PARA O MEDICAMENTO

1. Aceda à página <u>PubChem Structure Search.</u>
2. Clique no título "Identidade/Semelhança".
3. Introduza a cadeia de caracteres SMILES na caixa de introdução e clique no botão Procurar.
4. Continuar com o passo 2 em "um nome de medicamento" acima.

5. Como fazer: Encontrar bioensaios que testem uma determinada doença ou proteína alvo   começando com.

UMA   SEQUÊNCIA   DE ACESSO OU FASTA PARA O ALVO PROTEICO

1. Aceda à página <u>PubChem Bioassay BLAST</u>.
2. Introduza o acesso ou a sequência FASTA na caixa de introdução de consulta na parte superior da página.
3. Clique no botão BLAST.
4. Quando a pesquisa estiver concluída, desloque-se para baixo até à secção Descrições e clique no ícone de ensaio verde junto à sequência pretendida.

UM NOME DE PROTEÍNA PARA O ALVO

Procure o nome/acesso da proteína em Protein.

No menu *Ligações* no canto superior direito, seleccione *Bioassay by target (Bioensaio por alvo)*.

NOME DE UMA DOENÇA

1. Ir para a página inicial do OMIM.
2. Na caixa de pesquisa, introduza o nome da doença seguido de AND omim pcassay [filtro] (por exemplo, tuberculosis AND omim pcassay [filtro]).
3. Clique no menu "Links" à direita do registo pretendido e seleccione "PubChem Bioassay".

UM NÚMERO OMIM PARA A DOENÇA

Procurar o número OMIM na página inicial do OMIM. Continuar com o passo 3 em "um nome de doença" acima.

Portal de apresentação de propostas

Enviar para o maior repositório público de informação biológica e científica do mundo Escreva algumas palavras sobre os dados de sequência que está a submeter e seleccione uma opção para saber mais. Também pode consultar as informações de submissão abaixo.

7. Como fazer: Descarregar o software NCBI

Começando pelo programa de software de interesse...

- BLAST (alinha sequências de nucleótidos e proteínas)
- NCBI ToolBox (código-fonte C/C++ para software NCBI)
- CD-Tree (visualiza e edita alinhamentos de proteínas em registos CD)
- Cn3D (visualizador de estruturas 3D e editor de alinhamento)
- e-PCR (encontra sítios marcados nas sequências de ADN)
- Genome Workbench (software para visualização e análise de dados de sequência)
- Splign (alinha as transcrições com o ADN genómico)

Se o software de que necessita não estiver listado acima, pesquise na base de dados do sítio Web do NCBI com o nome do software e, em seguida, clique no resultado pretendido para navegar para a página inicial da ferramenta, onde haverá ligações para descarregar a ferramenta (se disponível).

8. Como fazer: Recuperar todas as sequências de um organismo ou taxon Note que existe um tutorial sobre este assunto.

Começando pelo nome de um organismo ou de um taxon...

1. Pesquisar na base de dados Taxonomia com o nome do organismo. Os nomes comuns aceites funcionam geralmente a todos os níveis taxonómicos. Utilize o nome científico ou o nome formal se não obtiver resultados com o nome comum.

2. Clique no nome do taxon pretendido nos resultados. Para taxa terminais - geralmente subespécies, espécies ou estirpes - esta ligação conduz diretamente à página de resumo. Para taxa

superiores, esta ligação conduzirá ao Navegador de taxonomia, mostrando os taxa inferiores contidos no taxon superior.

3. Se necessário, clique na ligação do taxon pretendido no Navegador de taxonomia para aceder à página de resumo.

4. O número de registos em cada base de dados está ligado na tabela de registos Entrez na página de resumo do taxon. Clique no número de registos associados na tabela para obter todos os registos da base de dados de sequências escolhida (Nucleótido, Nucleótido EST, Nucleótido GSS e Proteína).

9. Como fazer: Encontrar a função de um gene ou produto de gene começando com...

UM NOME DE GENE

1. Na página inicial do NCBI, clique no menu pendente Procurar para selecionar a base de dados Gene, escreva o Nome do Gene na caixa de texto e clique em Ir. Consulte <u>Gene Help</u> para obter dicas sobre como pesquisar Gene.

2. Localize o registo de Gene pretendido nos resultados e clique no símbolo para abrir o registo.

3. As informações funcionais estarão localizadas nas secções Resumo, Bibliografia e Informações gerais sobre o gene. Além disso, veja a lista de Links para recursos como Conserved Domains e BioSystems.

UM NÚMERO DE ACESSO DA PROTEÍNA (por exemplo, NP_005537)

1. Na página inicial do NCBI, pesquise Todas as bases de dados escrevendo o número de acesso na caixa de pesquisa e clique no botão Ir.

2. Seleccione a base de dados Gene na página de resultados, se possível, e continue com o passo 3 na secção "A Gene Name" acima. Se não existirem registos identificados na base de dados Gene para a sua pesquisa, seleccione a base de dados Protein.

3. Se estiver a visualizar um registo de Proteína, clique na ligação "More about the xxx gene" (Mais sobre o gene xxx) no lado direito da página (poderá ter de se deslocar para baixo para a encontrar). Continue com o passo 3 na secção "Um nome de gene" acima.

4. Se não existir uma ligação "More about the xxx gene" (Mais sobre o gene xxx), no canto superior direito desta página de registo de proteínas pode "Analyze this sequence" (Analisar esta sequência) clicando em "Identify Conserved Domains" (Identificar domínios conservados). A página resultante apresentará informações sobre os domínios funcionais da proteína.

UM NÚMERO DE ACESSO AO NUCLEOTIDE (por exemplo, NM_001126)

1. Na página inicial do NCBI, pesquise Todas as bases de dados escrevendo o número de acesso na caixa de pesquisa e clique no botão Ir.

2. Seleccione a base de dados Gene na página de resultados, se possível, e continue com o passo 3 na secção "Um nome de gene" acima. Se não existirem registos identificados na base de dados Gene para a sua pesquisa, seleccione a base de dados Nucleotide.

3. Se estiver a visualizar um registo de nucleótidos, clique na ligação "More about the xxx gene" (Mais informações sobre o gene xxx) no lado direito da página (poderá ter de se deslocar para baixo para a encontrar). Continue com o passo 3 na secção "Um nome de gene" acima.

4. Se não existir uma ligação "Mais sobre o gene xxx", no canto inferior direito desta página de registo de nucleótidos, procure uma ligação para Sequências relacionadas, Proteínas ou PubMed na secção "Todas as ligações a este registo". Além disso, pode ser possível "Analisar esta sequência" clicando em "Executar BLAST" para encontrar sequências de nucleótidos relacionadas com BLASTn ou sequências de proteínas relacionadas com BLASTx. Alguns destes registos terão ligações directas para a sua página "Gene", que poderá fornecer informações funcionais como as descritas acima no passo 3 da secção "A Gene Name".

UMA SEQUÊNCIA DE PROTEÍNAS

1. Aceda à página inicial do BLAST e clique em "protein blast" em Basic BLAST.
2. Cole a sequência na caixa de consulta e clique no botão BLAST.
3. Clique no número de acesso da sequência pretendida a partir dos resultados e continue com o passo 4 na secção "A Protein Accession Number" acima.

UMA SEQUÊNCIA DE NUCLEÓTIDOS

1. Aceda à página inicial do BLAST e clique em "nucleotide blast" em Basic BLAST.
2. Cole a sequência na caixa de consulta, seleccione uma base de dados e clique no botão BLAST.
3. Clique no número de acesso da sequência pretendida a partir dos resultados e continue com o passo 4 na secção "Um número de acesso de nucleótidos" acima.
4. Além disso, considere a possibilidade de efetuar uma pesquisa BLASTx com a sequência para identificar proteínas relacionadas.

10. Como fazer: Obter a sequência genómica para/próximo de um gene, marcador, transcrito ou proteína, começando   com...

UM   NOME   OU   SÍMBOLO DE GENE

1. Procurar gene. Se souber o símbolo do gene e a espécie, introduza-os da seguinte forma: tpo[sym] AND human[orgn].
2. Abrir o registo pretendido.
3. Siga estas instruções: Gene FAQ.

UM NÚMERO DE ACESSO À SEQUÊNCIA (por exemplo, NM_001126)

1. Procurar nucleótido ou proteína com o número de acesso.
2. Siga a ligação para Gene e proceda como acima indicado, ou siga a ligação para o Visualizador de mapas.
3. No Visualizador de Mapas, utilize a ligação Descarregar/Ver Sequência/Evidência e ajuste as coordenadas conforme pretendido.

uma sequência de ARNm ou de proteína

1. siga uma ligação específica de um organismo a partir da secção BLAST Assembled Genomes da página inicial do BLAST.   2. Ligue-se ao Map Viewer a partir dos resultados da sua pesquisa e descarregue como acima indicado.   3. Para mais informações, consulte a Ajuda do Visualizador de Mapas.

UM NOME DE MARCADOR GENÉTICO

1. Pesquisar o Visualizador de mapas com o nome do marcador.
2. Uma vez no Visualizador de Mapas, faça zoom na região desejada e clique na ligação Descarregar/Ver Sequência/Evidência.

3. Para mais informações, consulte a Ajuda do Visualizador de Mapas.

A SEQUÊNCIA DE UM MARCADOR GENÉTICO

1. Pesquisar a base de dados de nucleótidos BLAST, dbsts.
2. Procurar a sonda com o resultado principal.
3. Na secção Mapping Information (Informações de mapeamento) do registo Probe (Sonda), siga a ligação para Map Viewer (Visualizador de mapas).
4. Em alternativa, pesquise um Genoma Montado BLAST, siga uma ligação de resultados BLAST para o Visualizador de Mapas e clique na ligação Transferir/Ver Sequência/Evidência.

A POSIÇÃO DE UMA BANDA CITOGENÉTICA OU DE UM PAR DE BASES CROMOSSÓMICAS

1. Aceda à página do visualizador de mapas e abra a página de pesquisa para o seu organismo.
2. Seleccione o cromossoma pretendido.
3. Introduza as posições da banda ou do par de bases nas caixas Region Shown (Região mostrada) e clique em Go (Ir).
4. Clique na ligação Descarregar/Ver sequência/comprovativo.

11. Como fazer: Ver todos os SNP associados a um gene

Começando com...

UM NOME DE GENE

1. Pesquise a base de dados Gene com o nome do gene. Se souber o símbolo do gene e a espécie, introduza-os da seguinte forma: tpo [sym] AND human[orgn]

2. Clique no gene pretendido.

3. Na lista de ligações à direita, clique em "GeneView in dbSNP". Se a ligação não estiver presente, nenhum

SNP está atualmente ligado a este gene.

4. Para os genes humanos, outra opção é ir para a secção de variação (clicar em Variação no índice no canto superior direito) e seguir as ligações para o <u>Variation Viewer</u> para os conjuntos GRCh37/hg19 ou GRCh39/h38, para o 1000 Genomes Browser, ClinVar e mais.

NÚMERO DE ACESSO DO NUCLEÓTIDO OU DA PROTEÍNA (por exemplo, NM_001126)

1. Pesquisar a base de dados de <u>nucleótidos</u> ou <u>de proteínas</u> com o número de acesso.
2. No menu Ligações no canto superior direito, clique em "GeneView in dbSNP". Se a ligação não estiver presente, clique na ligação "Gene" no mesmo menu e continue no passo 3 acima em "um nome de gene".

UMA SEQUÊNCIA DE NUCLEÓTIDOS

1. Aceda à <u>página inicial do BLAST</u> e clique em "nucleotide blast" em Basic BLAST.
2. Colar a sequência na caixa de consulta.
3. Introduza o nome do organismo de interesse na caixa "Organism" (Organismo). Clique no botão BLAST.
4. Clique na sequência pretendida a partir dos resultados.
5. Continue no passo 2 em "um número de acesso de nucleótido ou proteína" acima.

UMA SEQUÊNCIA DE PROTEÍNAS

1. Aceda à <u>página inicial do BLAST</u> e clique em "protein blast" em Basic BLAST.

2. Cole a sequência na caixa de consulta.

3. Introduza o nome do organismo de interesse na caixa "Organism" (Organismo). Clique no botão BLAST.

4. Clique na sequência pretendida a partir dos resultados.

5. Continue no passo 2 em "um número de acesso de nucleótido ou proteína" acima.

Visualizador de variações (apenas para humanos)

1. Ir para o Visualizador de Variações

2. Vá para a secção de pesquisa na secção esquerda e introduza um símbolo de gene na caixa de consulta.

3. Filtre os resultados na tabela Variation Data (Dados de variação) seleccionando a secção Filter by (Filtrar por).

4. Descarregar os seus resultados

5. Mais no YouTube

1000 GENOMES BROWSER (apenas para humanos)

1. Aceda ao 1000 Genomes Browser.

2. Vá para a secção de pesquisa na secção esquerda e introduza um símbolo de gene na caixa de consulta.

3. Seleccione as populações para as quais pretende rever as frequências de alelos ou as contagens de genótipos por SNP.

12. Como fazer: Encontrar padrões de expressão

Duas bases de dados no NCBI contêm dados de expressão. 1) UniGene oferece perfis de expressão baseados em ESTs para clusters de ESTs orientados para genes. Estes perfis sugerem padrões de expressão - por tecido, fase de desenvolvimento ou estado de saúde - a partir de contagens de ESTs em bibliotecas de cDNA imparciais.

2) GEO Profiles oferece padrões de expressão de genes derivados de estudos de microarray. Cada perfil é apresentado como um gráfico que mostra o nível de expressão de um gene em todas as amostras de um estudo.

Começando com...

UM REGISTO DE GENE (por exemplo, CTRC humano, GeneID 11330)

1. Utilize um nome de gene, símbolo ou número identificador para pesquisar na base de dados Gene ou em "Todas as bases de dados" na página inicial do NCBI.
2. No registo Gene pretendido (por exemplo, para CTRC humano), siga as ligações UniGene ou GEO Profiles no lado direito da página.
3. Ao clicar em UniGene, desloque-se para baixo até à ligação "EST Profile" (Perfil EST) na secção Gene Expression (Expressão de genes). Pode ligar aos perfis GEO a partir do registo UniGene utilizando o menu Ligações no canto superior direito do registo.
4. Depois de clicar na ligação GEO Profiles, utilize a página Web para visualizar perfis de expressão para conjuntos de dados individuais ou utilize o botão "Descarregar dados de perfil" para obter os conjuntos de dados apresentados. Consulte a ligação de ajuda, o "?", junto ao botão de descarregamento. Pode ligar a UniGene a partir de GEO Profiles utilizando os menus Ligações ou a função "Encontrar dados relacionados" em "Dados de perfil".

UMA ACESSÃO DE NUCLEÓTIDOS (por exemplo, NM_007272, S82198)

1. Utilize o identificador de sequência para pesquisar "All Databases" na página inicial do NCBI.
2. Se UniGene ou GEO Profiles tiverem um número à esquerda (por exemplo: NM_007272 "All Databases" query), clique em qualquer uma destas bases de dados para aceder aos resultados e, em seguida, siga os passos 3 ou 4 acima.
3. Em alternativa, clique em Nucleotide para visualizar o registo de sequência (por exemplo: S82198 Nucleotide sequence record). A partir deste registo, desloque-se para baixo até à secção na coluna mais à direita denominada "Todas as ligações deste registo" e clique em Gene, UniGene ou GEO Profiles. Em seguida, siga os passos documentados acima.

13. Como fazer: Encontrar genes associados a um fenótipo ou doença

Começando com...

Genes

1. Pesquisar Gene utilizando o nome de um fenótipo ou de uma perturbação ou o nome de um gene.
2. Para visualizar o registo completo, clique na hiperligação Gene Symbol (Símbolo do gene).
3. Navegue até à secção Fenótipo clicando em "Fenótipos" no Índice, no canto superior direito da página.
4. Reveja os dados e siga as ligações para as entradas *GeneReviews*, registos OMIM, MedGen ou PheGenI disponíveis para obter informações mais detalhadas.

MedGen

1. <u>MedGen</u> utilizando o nome de um fenótipo ou de uma doença, ou o nome de um gene.
    - o Se introduzir um símbolo de gene válido, é apresentada uma hiperligação que facilita o processamento de uma consulta para encontrar todos os registos no MedGen que reportam uma relação com esse gene. Exemplo: Ver <u>fgfr3 no MedGen</u>
2. Para visualizar o registo completo, clique no nome do registo que tem uma hiperligação.
3. O gene ou genes relacionados com este registo são apresentados na secção superior, como símbolos de genes que ligam à base de dados Gene do NCBI.
4. Reveja os dados e siga as ligações para *GeneReviews* disponíveis, registos OMIM, citações ou outras entradas ligadas na secção Informações relacionadas para obter informações mais detalhadas.

Registo de Testes Genéticos (GTR)

1. Pesquise no <u>GTR</u> escrevendo o nome de um fenótipo ou perturbação na caixa de texto do separador GTR Conditions (Condições GTR). Seleccione um termo utilizando a lista de preenchimento automático, se disponível.
2. Clique no nome de um fenótipo ou perturbação de interesse.
    - o Para ajudar a restringir a lista de resultados, pode refinar a sua pesquisa fazendo selecções na coluna da esquerda para apresentar registos que tenham ligações para "OMIM available", "*GeneReviews* available" e/ou "GTR Tests available".
3. Na página de registo que descreve o fenótipo ou condição, desloque-se para baixo para ver a secção "Genes associados". São

listados os símbolos dos genes que foram identificados como estando associados a este fenótipo ou condição em particular.

- o Ao clicar no símbolo do gene, abre-se uma página que apresenta informações sobre o gene com uma lista de outros fenótipos ou condições associados.

4. Consulte a secção "Recursos moleculares" na coluna da direita para obter hiperligações para informações adicionais no OMIM, RefSeqGene e Variation viewer, bem como no Coriell Institute for Medical Research.

PheGenI

1. Pesquise PheGenI na secção Phenotype Selection (Seleção de fenótipos) seleccionando uma categoria ou nome de caraterística e premindo o botão "Search" (Procurar).

- o Se selecionar primeiro a Categoria, a lista de Características a partir da qual selecionar será limitada às da Categoria MeSH específica.

2. Na secção Search Results (Resultados da pesquisa), clique na palavra "Genes" (Genes) para se deslocar automaticamente para uma tabela que lista os genes associados à seleção do fenótipo. Clique numa ligação Location (Localização) para ver um visualizador de sequências gráficas interativo para um gene selecionado.

14. Como fazer: Encontrar variações humanas associadas a um fenótipo ou doença (associação clínica)

Começando com uma doença ou fenótipo em...
        PubMed

1. Na página inicial <u>do PubMed</u>, pesquise com o nome de uma doença ou fenótipo e termos adicionais para encontrar variações que tenham sido identificadas como estando associadas ou causando o fenótipo, por exemplo: <u>humans[MeSH terms] AND asthma AND (causative OR associated OR association) AND (variation OR variant OR mutant)</u>.

2. Em alternativa, na página <u>PubMed Clinical Queries</u> pode procurar publicações sobre genética médica. Efectue uma pesquisa nesta página e ligue para "Ver todos" os registos na parte inferior da coluna Genética Médica (à direita).

ClinVar

1. Na página inicial do <u>ClinVar</u>, introduza um gene, uma expressão HGVS, um identificador do dbSNP ou dbVar, um número MIM, um ID de conceito MedGen ou um nome de fenótipo, escrevendo na caixa de pesquisa.

2. Clique no botão Procurar.

3. Filtre os resultados utilizando a barra lateral de filtros à esquerda.

4. O conjunto de resultados fornecerá dados resumidos da(s) interpretação(ões) clínica(s) submetida(s), com detalhes das interpretações de cada submetedor disponíveis na secção de detalhes.

dbVar

1. Na página inicial do <u>dbVar</u>, introduza o nome de uma doença ou fenótipo escrevendo na caixa de pesquisa.

2. Clique em Limites na barra de pesquisa.

3. Na secção "Clinical interpretation" (Interpretação clínica), seleccione "Pathogenic" (Patogénico) e "Uncertain Significance:

likely pathogenic" (Significado incerto: provavelmente patogénico)
clicando nas caixas de verificação.

4. Clique no botão Procurar.

5. Clique no filtro "Variant" no canto superior direito (para excluir o
   relatório do estudo registado na dbVar).

6. Clique em qualquer identificador nsv para obter mais informações
   e ligações a outros recursos do NCBI.

PheGenI

1. Na página inicial <u>do PheGenI</u>, seleccione o nome de uma categoria
   ou caraterística na secção "Phenotype Selection" (Seleção de
   fenótipos). Selecionar primeiro a "Category" (Categoria) limitará a
   lista de Traits (Características) às disponíveis para a categoria
   <u>MeSH</u> específica.

2. Para limitar a recuperação de dados por P-Value do relatório de
   associação, introduza o expoente na caixa.

3. Clique no botão Procurar.

4. Clique em "Association Results" (Resultados da associação) na
   secção Search results (Resultados da pesquisa) para rever os dados
   na tabela Association Results (Resultados da associação) para
   avaliar as provas da associação entre uma variação e a caraterística
   medida. Para obter mais informações e informações relacionadas,
   clique nas ligações para as bases de dados "Gene", "PubMed" ou
   "Source".

5. Em alternativa, clique em "Genes" na secção Resultados da
   pesquisa para rever os genes associados à seleção do fenótipo.
   Clique numa ligação Location (Localização) para ver um
   visualizador de sequências gráficas interativo para o gene
   selecionado.

Gene e ligação ao ClinVar

1. Na página inicial da base de dados <u>Gene</u>, introduza o nome de uma doença ou fenótipo na caixa de pesquisa e clique em "Search" (Pesquisar).

2. Se pretender rever os resultados de vários genes como um grupo:
   - Preencher a caixa de verificação dos registos de interesse
   - Vá para a secção "Encontrar dados relacionados" na coluna da direita
   - Selecionar ClinVar no menu
   - Prima Procurar itens
   - O conjunto de resultados fornecerá dados resumidos da(s) interpretação(ões) clínica(s) submetida(s) para o(s) gene(s) selecionado(s), com detalhes das interpretações de cada submetedor disponíveis na secção de detalhes.

3. Se pretender rever os resultados de apenas um gene:
   - Visualizar o gene de interesse clicando no título
   - Clique em Variação no Índice, na parte superior da coluna da direita
   - Siga as ligações para a ClinVar
   - O conjunto de resultados fornecerá dados resumidos da(s) interpretação(ões) clínica(s) submetida(s) para o gene selecionado, com detalhes das interpretações de cada submetedor disponíveis na secção de detalhes.

15. UM NOME DO MARCADOR, NOME DO GENE/SÍMBOLO OU NÚMERO DE ACESSO DA SEQUÊNCIA (por exemplo, NM_138635)

1. Comece na página inicial do <u>Visualizador de Mapas</u>. Se necessário, expanda a janela Search (Pesquisa) clicando na seta, seleccione um

organismo e introduza o termo de pesquisa. Para visualizar a região entre dois objectos, utilize "OR" da seguinte forma: D10S275 OU D2S2560.

2. Clique no Elemento de Mapa ou num único Mapa para o conjunto pretendido.

3. Se necessário, utilize a caixa de diálogo <u>Mapas e opções</u> para alterar os mapas apresentados; os mapas e a região apresentados determinam os dados disponíveis. Também pode utilizar as duas caixas sob Region Shown (Região mostrada) na barra lateral azul à esquerda para introduzir nomes, acessos e coordenadas.

4. Clique em <u>Dados como vista de tabela</u> na barra lateral azul à esquerda.

5. Cada mapa tem uma ligação para descarregar dados como um ficheiro de texto delimitado por tabulação.

COORDENADAS CROMOSSÓMICAS

1. Comece na página inicial do <u>Visualizador de Mapas</u>. Clique no ícone "R" em Ferramentas para o organismo e a construção pretendidos.

2. Seleccione o cromossoma, introduza as coordenadas nas caixas From (De) e To (Para) e clique em Go (Ir). Utilize coordenadas exactas, por exemplo, 61551076, ou valores como 61M ou 61551K.

3. Se necessário, utilize a <u>caixa de diálogo Mapas e opções</u> para alterar os mapas apresentados; os mapas e a região apresentados determinam os dados disponíveis.

4. Clique em <u>Dados como vista de tabela</u> na barra lateral azul à esquerda.

5. Cada mapa tem uma ligação para Descarregar dados como um ficheiro de texto delimitado por tabulação.

16. Como fazer: Encontrar genomas sequenciados, incluindo os que estão em curso, para um grupo taxonómico

A partir da página inicial do BioProject...

1. Na coluna "Browse BioProject", clique na ligação <u>By Project attributes (Por atributos do projeto)</u>.
2. Clique no menu pendente em Organismo/Nome e seleccione o grupo taxonómico de interesse.
3. Clique no menu pendente em Tipo de dados do projeto para selecionar o tipo específico de dados de interesse.

17. Como fazer: Comparar homólogos de proteínas entre dois genomas microbianos **Começando com a página inicial <u>do Prokaryotic Genome Project...</u>** **PARA DOIS ORGANISMOS**

1. Desloque-se para baixo para encontrar o genoma de interesse.
2. Clique na ligação de acesso NC_ da coluna RefSeq.
3. Clique em GenePlot (se disponível) na coluna BLAST homologs da interface da tabela resultante.
4. Seleccione os dois organismos pretendidos e clique em "Compare Selected Pair" (Comparar par selecionado).

PARA TRÊS ORGANISMOS

1. Proceder como nos passos 1 e 2 acima.
2. Seleccione TaxPlot na coluna BLAST homologs da interface da tabela resultante.

3. Seleccione dois outros organismos nos menus pendentes abaixo do genoma de interesse selecionado.

4. Clique no botão "comparar" localizado logo abaixo do gráfico.

18. Como fazer: Descarregar o genoma completo de um organismo Começando no <u>sítio FTP do Genomes</u>...

1. Veja o ficheiro README nesse diretório para informação geral sobre a organização dos ficheiros ftp.

2. Localize o diretório para o seu organismo de interesse. Dentro dessa diretoria, um ficheiro README descreverá os vários ficheiros disponíveis. Em muitos casos, os dados da sequência estão divididos em directórios para cada cromossoma.

3. Utilize qualquer cliente FTP para descarregar os dados.

19. Como fazer: Converter coordenadas de características entre assemblies genómicos

Tenha em atenção que existe um <u>tutorial</u> sobre a <u>ferramenta de remapeamento do genoma</u>.

Começando com...

Um ficheiro de características (por exemplo, GFF3, BED, GVF)

1. Comece na página inicial do <u>Remap</u>. (<u>O que é o NCBI Remap?</u>)

2. Selecionar o organismo.

3. Seleccione a montagem de origem - a montagem na qual as suas características estão *atualmente* colocadas.

4. Em seguida, seleccione a montagem de destino - a montagem na qual gostaria de projetar as suas características.

5. Se pretender, altere as definições em Opções de remapeamento.

6. Utilize o botão Procurar para localizar o ficheiro de dados.

7. Se desejar, pode alterar o formato de saída para um formato diferente do de entrada.

8. Clique em Submeter.

9. Quando o remapeamento estiver concluído, descarregue o relatório pretendido.

UMA REGIÃO CROMOSSÓMICA

1. Proceder como acima indicado.

2. Para introduzir os seus dados, especifique as regiões, uma por linha, neste formato:

chr2:10050-20050 ou chr2:10050..20050

20. Como fazer: Apresentar graficamente a anotação genómica começando com...

UM REGISTO DE NUCLEÓTIDOS (por exemplo, NC_000001)

1. Seleccione a sequência que pretende apresentar a partir da base de dados de nucleótidos (*por exemplo,* NC_000001).
2. Clique em Gráficos para gerar um diagrama da anotação no visualizador de sequência gráfica, como mostrado aqui.
3. Para encontrar um gene ou sequência de interesse:
    1. Clique em Ferramentas e, em seguida, em Pesquisar.
    2. Introduza um termo de pesquisa, como o nome de um gene, uma palavra descritiva como cinase, ou mesmo uma sequência.

3. Seleccione o resultado pretendido para que seja apresentado no visualizador.

4. Para ajustar ainda mais o ecrã, utilize o menu Configurar.

Note que existe um <u>vídeo em</u> que mostra como fazer isto, bem como uma <u>página inicial do Sequence Viewer</u> com muitas ligações para informações úteis.

A PÁGINA INICIAL DO VISUALIZADOR DE MAPAS

1. Começando na <u>página inicial do Map Viewer</u>, seleccione um genoma. Poderá ser necessário expandir um cabeçalho de secção para apresentar a lista de organismos para alguns grupos taxonómicos.

2. Clique no ícone da lupa para abrir a página principal de pesquisa para este organismo e introduza a sua pesquisa ou clique num cromossoma para abrir uma visualização predefinida.

3. Em alternativa, introduza a sua pesquisa utilizando as caixas de pesquisa na secção à esquerda e, em seguida, analise os resultados da pesquisa.

4. Utilize a caixa de diálogo Mapas e opções para alterar os mapas apresentados e/ou refinar a região apresentada.

Note que está disponível um <u>documento de Ajuda</u> detalhado <u>do MapViewer.</u>

Gene, dbSNP, dbVar, GEO, Epigenómica, PheGenI E OUTROS RECURSOS

Muitos sítios Web do NCBI incorporam o visualizador gráfico de sequências mencionado acima. Aqui está um exemplo de como aceder e utilizar esta ferramenta a partir da base de dados Gene:

1. Na página inicial do NCBI, clique no menu pendente de pesquisa para selecionar a base de dados Gene.
2. Digite o nome do gene na caixa de texto e clique em Ir. (Consulte o documento Gene Help para obter dicas sobre como pesquisar esta base de dados).
3. Localize o registo Gene pretendido nos resultados e clique no símbolo do gene para abrir o registo.
4. Vá para a secção "Regiões genómicas, transcritos e produtos" para ver o visualizador de sequências gráficas da base de dados Gene.

21. Como fazer: Determinar a sintenia conservada entre os genomas de dois organismos   Começando   com   um   organismo   de interesse...

1. Na página inicial do Visualizador de Mapas, clique no ícone da "lupa" para um organismo.
2. Selecionar o cromossoma.
3. Faça zoom ou utilize as caixas Região mostrada, à esquerda, para delimitar a região.
4. Utilize a caixa de diálogo Mapas e opções para adicionar mapas de outros organismos. Primeiro seleccione o organismo, depois o mapa pretendido e, em seguida, clique em ADICIONAR. Nota: Atualmente, é possível comparar chimpanzés, humanos, ratos e ratazanas.
5. Para os humanos, também é possível mudar a montagem.

22. Como fazer: Encontrar um homólogo de um gene noutro organismo Começando com...

UM NOME DE GENE

1. Pesquise a base de dados <u>HomoloGene</u> com o nome do gene. Se souber o símbolo do gene e o organismo, utilize uma consulta como esta: tpo[nome do gene] AND human[orgn].

2. Se a sua pesquisa encontrar vários registos, clique no registo pretendido. Os genes homólogos são listados na parte superior do relatório.

3. Se a sua pesquisa no HomoloGene não devolver registos, pesquise na base de dados <u>Gene</u> com o nome do gene.

4. Clique no registo pretendido e, em seguida, clique na ligação HomoloGene na lista do lado direito da página.

5. Se não existir uma ligação ao HomoloGene, localize uma sequência de referência de proteína (por exemplo, NP_005537) na secção NCBI Reference Sequences do registo Gene e siga as instruções em "um número de acesso de proteína" abaixo.

6. Se não existirem sequências de referência no registo Gene, pesquise na base de dados de <u>proteínas</u> com o nome do gene e seleccione o registo pretendido. Em seguida, siga as instruções em "um número de acesso de proteína" abaixo.

UM NÚMERO DE ACESSO DA PROTEÍNA (por exemplo, NP_005537)

1. Pesquisar a base de dados de <u>proteínas</u> com o número de acesso.

2. No lado direito do relatório, clique na ligação "Mais informações sobre o gene xxx". Em seguida, continue no passo 4 em "um nome de gene" acima.

3. Se não existir uma ligação "More about the xxx gene", é provável que o NCBI não tenha homólogos pré-computados para o seu gene. Pode encontrar uma lista de proteínas semelhantes a sequências que são potenciais homólogas clicando no menu azul Ligações no canto superior direito da página e seguindo a ligação para o Blink.

UM NÚMERO DE ACESSO AO NUCLEOTIDE (por exemplo, NM_001126)

1. Pesquisar a base de dados de <u>nucleótidos</u> com o número de acesso.
2. No lado direito do relatório, clique na ligação "Mais informações sobre o gene xxx". Em seguida, continue no passo 4 em "um nome de gene" acima.
3. Se não existir uma ligação para Gene, siga a ligação para Proteína e, em seguida, continue no passo 2 em "um número de acesso de proteína" acima.

UMA SEQUÊNCIA DE NUCLEÓTIDOS

1. Aceda à <u>página inicial do BLAST</u> e clique em "nucleotide blast" em Basic BLAST.
2. Colar a sequência na caixa de consulta.
3. Introduza o nome do organismo de interesse na caixa "Organism" (Organismo). Clique no botão BLAST.
4. Clique no registo pretendido e continue no passo 2 em "um número de acesso de nucleótido" acima.

UMA SEQUÊNCIA DE PROTEÍNAS

1. Aceda à <u>página inicial do BLAST</u> e clique em "protein blast" em Basic BLAST.
2. Cole a sequência na caixa de consulta.

3. Introduza o nome do organismo de interesse na caixa "Organism" (Organismo). Clique no botão BLAST.

4. Clique no registo pretendido e continue no passo 2 em "um número de acesso de proteína" acima.

23. Como fazer: Obter o texto integral de um artigo

Note que existe um <u>tutorial</u> sobre este assunto. Começando com um resumo no PubMed...

1. Pesquise no <u>PubMed</u> com um termo de pesquisa, nome de autor ou ID PubMed. O nome do autor pode ser introduzido da seguinte forma: smith aj[au].

2. Clique no título de uma entrada de interesse.

3. Procure os ícones no canto superior direito do registo:

- Clique na ligação <u>PubMed Central</u> ou na ligação de um editor para aceder ao texto integral do artigo. Os artigos na <u>PubMed Central</u> estão disponíveis gratuitamente. Os artigos nos sítios Web dos editores estão disponíveis gratuitamente ou podem ser acedidos mediante o pagamento de uma taxa. Contacte o editor específico para questões sobre o respetivo sítio.

24. Como fazer: Encontrar artigos sobre um tópico semelhante ao de um determinado artigo. Começando com um registo no PubMed...

1. Recuperar um artigo no <u>PubMed</u>

2. Clique no registo pretendido para visualizar a vista Resumo.

3. Examine as ligações para artigos relacionados, incluindo críticas, no lado direito da página, ou clique em "Ver tudo" para visualizar todos os registos relacionados.

25. Como fazer: Encontrar sequências de transcrição para um gene

Começando por ...

UM NOME DE GENE, NOME DE PRODUTO OU SÍMBOLO

1. Pesquise na base de dados Gene com o nome e o símbolo do gene. Se souber o símbolo do gene e a espécie, introduza-os da seguinte forma: tpo[sym] AND human[orgn]
2. Clique no gene pretendido.
3. Clique em Reference Sequences (Sequências de referência) no Índice, no canto superior direito do registo do gene.
4. A secção do registo relativa às sequências de referência do NCBI contém ligações para os registos de transcrições com curadoria do NCBI (sequências de referência de prefixo NM e XM) para o gene de interesse para organismos eucariotas. Não são produzidas sequências de transcrição para procariotas.
5. Se não existir nenhum registo de genes para o organismo e o gene de interesse, efetuar uma pesquisa na base de dados UniGene com o nome do gene, o nome do produto ou o símbolo.
6. Clique no agrupamento UniGene de interesse.
7. O grupo UniGene tem ligações para sequências de transcrição para o gene a partir das bases de dados de nucleótidos e EST
8. Se não existir um agrupamento UniGene para este gene e organismo, efetuar uma pesquisa na base de dados de nucleótidos com o nome do gene, nome do produto ou símbolo. Incluir o organismo na pesquisa para encontrar os resultados mais relevantes e filtrar as sequências de transcrição, por exemplo: Cytochrome c AND bullfrog[orgn] AND mrna[filter].

UMA SEQUÊNCIA DE NUCLEÓTIDOS OU DE PROTEÍNAS

1. Utilize o serviço BLAST do NCBI para efetuar uma pesquisa de semelhanças.

2. Para uma sequência de nucleótidos, seleccione o serviço de tradução de nucleótidos na secção BLAST básico da página inicial do BLAST. Para uma sequência de proteínas, seleccione o serviço de tradução blastx. As seguintes bases de dados contêm sequências de transcrições: Reference mRNA (refseq_mrna), Nucleotide collection (nr/nt) e as bases de dados EST.

3. Clique no botão BLAST para executar a pesquisa e identificar as sequências correspondentes.

26. Como fazer: Ligar um objeto num mapa a outro recurso

1. Torne o mapa com o objeto pretendido no mapa principal, movendo-o para o lado direito da página. Faça isso com a seta na parte superior do mapa ou com a caixa de diálogo Mapas e opções.

2. Cada objeto apresenta agora uma lista de ligações para os recursos disponíveis.

27. Como fazer: Visualizar a estrutura 3D de uma proteína

Começando com...

Um CÓDIGO PDB (por exemplo, 1B8G)

1. Aceder à página inicial da estrutura.

2. Introduza o código PDB na caixa de pesquisa e prima o botão Ir.

3. Clique na imagem de uma estrutura para aceder à sua página de registo

4. Desloque-se para a secção do gráfico molecular e clique no ícone de rotação para carregar uma vista interactiva da estrutura na página

Web. Em alternativa, clique no ícone de lançamento para abrir a versão avançada (funcionalidade completa) do iCn3D, o visualizador de estruturas 3D baseado na Web do NCBI, numa janela separada.

UM FICHEIRO EM FORMATO PDB QUE NÃO ESTÁ EM PDB

1. Experimente o novo visualizador interativo de estruturas 3D, iCn3D.
2. Clique em "Ficheiro" e seleccione "Abrir ficheiro" > "Ficheiro PDB".
3. Seleccione o ficheiro e clique em "Carregar".
4. A vista 3D da estrutura que carregou será agora apresentada.

UM NÚMERO DE ACESSO À PROTEÍNA (por exemplo, NP_000240) OU SEQUÊNCIA

1. Utilize o guia Encontrar um modelo estrutural para encontrar a estrutura PDB mais adequada.
2. Continue com o passo 1 em "um código PDB" acima.

28. Como fazer: Encontrar uma versão com curadoria de um registo de sequência (NCBI Reference Sequence)   Começando por ...

UM NOME DE GENE, NOME DE PRODUTO OU SÍMBOLO

1. Pesquise a base de dados Gene com o nome do gene, o nome do produto ou o símbolo. Se souber o símbolo do gene e a espécie, introduza-os da seguinte forma: tpo[sym] AND human[orgn]
2. Clique no gene pretendido.
3. Clique em "Reference Sequences" (Sequências de referência) no Índice, no canto superior direito do registo do gene.

4. A secção Sequências de referência do NCBI do registo tem ligações para registos com curadoria do NCBI para a região genómica, transcritos e proteínas para o gene de interesse para organismos eucarióticos. As sequências de transcrição não são produzidas para procariotas.

UM NÚMERO DE ACESSO À SEQUÊNCIA (por exemplo, U00001, AAA60471)

1. Efetuar uma pesquisa em Todas as bases de dados com o número de acesso.
2. Clique no resultado da base de dados relevante (Nucleótido, EST, GSS, Proteína).
3. Procure a secção "Reference sequence information" no lado direito do registo da sequência e siga a(s) ligação(ões) para as sequências de referência correspondentes.
4. A secção "More about the ... gene", quando presente, conduz ao registo de genes correspondente. O registo do gene pode dar acesso a sequências de referência adicionais.

UMA SEQUÊNCIA DE NUCLEÓTIDOS OU DE PROTEÍNAS

1. Utilize o serviço BLAST do NCBI para efetuar uma pesquisa de semelhanças.
2. Seleccione a ligação blast adequada na secção BLAST Básico da página inicial do BLAST. Utilize a tabela abaixo para selecionar o formulário BLAST e a base de dados correctos. Os serviços de tradução não são necessários, uma vez que a sequência de referência da proteína é acessível a partir do registo de nucleótidos correspondente e o nucleótido é acessível a partir da proteína.

Programa	Sequência de consulta	Tipo de sequência de referência pretendida	Base de dados
explosão de nucleótidos	nucleótido	ARNm	ARNm de referência
explosão de nucleótidos	nucleótido	genómica	Referência genómica
explosão de proteínas	proteína	proteína	Proteína de referência

3. Clique no botão "BLAST" para efetuar a pesquisa e identificar as sequências correspondentes.

29. Como fazer: Alinhar duas ou mais estruturas 3D a uma determinada estrutura   Começando com...

Um CÓDIGO PDB (por exemplo, 1B8G)

1. Aceder à <u>página inicial da estrutura</u>.
2. Introduza o código PDB na caixa de pesquisa e prima o botão Ir.
3. Clique na imagem da estrutura. Na página resultante, clique na ligação VAST junto a Estrutura relacionada, à direita da imagem.
4. A página seguinte lista cada domínio 3D em cada cadeia da estrutura. Para vizinhos VAST de uma cadeia inteira, clique em "cadeia inteira"; para vizinhos VAST de apenas um domínio 3D, clique na ligação para esse domínio 3D.

5. Seleccione as estruturas que pretende alinhar, assinalando as caixas à esquerda de cada estrutura. Clique no botão "View 3D Alignment" (Ver alinhamento 3D) na parte superior do relatório.

6. Para mais informações, consulte a página de ajuda do VAST.

UM FICHEIRO EM FORMATO PDB QUE NÃO ESTÁ EM PDB

1. Aceder à página de pesquisa VAST.

2. Introduza ou procure o nome do ficheiro PDB e clique no botão Submeter.

30. Como fazer: Encontrar informações publicadas sobre um gene ou sequência

A começar por...

UM NOME DE GENE, NOME DE PRODUTO DE GENE, SÍMBOLO DE GENE OU NÚMERO DE ACESSO DE SEQUÊNCIA NCBI

1. Pesquisar na base de dados PubMed da literatura biomédica com o nome do gene, símbolo ou número de acesso da sequência. Muitas vezes, podem ser encontrados resultados mais relevantes pesquisando na base de dados Gene, conforme descrito abaixo.

2. Pesquise na base de dados Gene com o nome do gene, o símbolo ou o número de acesso da sequência. Se souber o símbolo do gene e a espécie, introduza-os da seguinte forma: tpo[sym] AND human[orgn]

3. Clique no gene pretendido.

4. Siga a ligação para PubMed a partir do menu de ligações do registo de genes.

5. Se não existir nenhum registo Gene para este gene e organismo, efectue uma pesquisa em <u>Todas as bases de dados</u> com o nome do gene, nome do produto, símbolo ou número de acesso. Para nomes, inclua o organismo na pesquisa para encontrar os resultados mais relevantes, por exemplo: Cytochrome c AND bullfrog[orgn] AND mrna[filter].

6. Clique no resultado da base de dados relevante (Nucleótido, EST, GSS, Proteína).

7. Seguir a ligação para PubMed a partir do registo de sequência apresentado nas REFERÊNCIAS ou a ligação PubMed a partir do menu Ligações.

UMA SEQUÊNCIA DE NUCLEÓTIDOS OU DE PROTEÍNAS

1. Utilize o serviço BLAST do NCBI para efetuar uma pesquisa de semelhanças.

2. Para uma sequência de nucleótidos, seleccione nucleotide blast na secção Basic BLAST da <u>página inicial do BLAST</u>. Para uma sequência de proteínas, seleccione o serviço de explosão de proteínas.

3. Seleccione a base de dados BLAST com maior probabilidade de conter a sequência de interesse. Consulte a documentação de ajuda do BLAST para ver uma descrição das <u>bases de dados BLAST</u>.

4. Clique no botão BLAST para executar a pesquisa e identificar as sequências correspondentes.

5. Clique no número de acesso associado nos resultados para obter o registo da sequência.

6. Siga as ligações na secção "Artigos sobre o gene ..." ou a ligação "PubMed (Weighted)" na secção "Todas as ligações a partir deste registo".

31. Como fazer: Executar o software BLAST num computador local

Para executar o BLAST localmente no seu próprio computador, terá de descarregar o software BLAST+ e as bases de dados. Para ver as instruções e obter a versão mais recente do BLAST+, aceda à página de transferência do BLAST.

3. Na página seguinte, clique no botão Iniciar (o cálculo VAST) na parte inferior do relatório. A pesquisa VAST pode demorar vários minutos a ser concluída. Quando estiver concluída, continue com o passo 5 em "um código PDB" acima.

UM NÚMERO DE ACESSO À PROTEÍNA (por exemplo, NP_000240) OU SEQUÊNCIA

1. Utilize o guia Encontrar um modelo estrutural para encontrar a estrutura PDB mais adequada.
2. Continue com o passo 1 em "um código PDB" acima.

32. Como fazer: Submeter várias sequências de consulta numa única pesquisa BLAST

A INTERFACE WEB BLAST DO NCBI

1. Seleccione o serviço BLAST adequado na página inicial do BLAST.
2. Introduza os identificadores de sequências NCBI (números de acesso, números gi) ou sequências formatadas em FASTA na caixa de texto adequada. Tenha em atenção que são permitidas várias sequências de consulta, mas certifique-se de que inclui a lista de identificadores (números de acesso ou números gi) como um por linha ou o grupo de sequências FASTA, cada uma começando numa nova linha e começando com o sinal de maior (">").

3. Os ficheiros locais de sequências ou identificadores formatados como descrito acima podem ser enviados utilizando a função "upload file" no formulário de envio. Clique em "Browse" para localizar e escolher o ficheiro local.

4. Clique no botão "BLAST" para submeter a pesquisa. Existe um limite de tempo de processamento (limite de CPU) nas pesquisas Web BLAST. O limite pode ser excedido por envios em lote. Se isto acontecer, reduza o número de sequências submetidas num lote; consulte esta FAQ BLAST.

SOFTWARE CLIENTE PRÉ-COMPILADO NCBI

1. Descarregue um pacote BLAST+ a partir da página de descarregamento do BLAST. Estas são aplicações de linha de comandos; não está disponível qualquer interface gráfica.

2. Uma das opções da linha de comandos é "-remote", que envia a pesquisa para os servidores BLAST do NCBI, evitando a necessidade de instalar e manter bases de dados locais.

3. A função "-remote" no BLAST+ é o substituto recomendado para o Netblast (blastcl3) no BLAST antigo.

33. Como fazer: Automatizar as pesquisas BLAST efectuadas nos servidores do NCBI

Para incorporar chamadas BLAST no seu script ou aplicação, pode utilizar a API BLAST. Para ver a documentação mais recente, exemplos de código e directrizes de utilização, vá para a página de programador da API BLAST.

34. Como fazer: Conceber primers de PCR e verificar a sua especificidade

UMA OU MAIS SEQUÊNCIAS DE INICIADORES

1. Aceda ao formulário de apresentação do Primer BLAST.

2. Introduza uma ou ambas as sequências de primers na secção Primer Parameters (Parâmetros de primers) do formulário. Se apenas estiver disponível um primer, também é necessária uma sequência de modelo. Ver "A Target Template Sequence..." abaixo.

3. Na secção Primer Pair Specificity Checking Parameters, seleccione o organismo de origem apropriado e a base de dados mais pequena que provavelmente conterá a sequência alvo. Estas definições fornecem os resultados mais exactos. Para uma cobertura mais ampla, seleccione a base de dados nr e não especifique um organismo.

4. Clique no botão "Get Primers" para submeter a pesquisa e obter informações sobre modelos e especificidade.

UMA SEQUÊNCIA DE MODELO ALVO OU NÚMERO DE ACESSO

1. Aceda ao formulário de apresentação do Primer BLAST.

2. Introduza a sequência alvo em formato FASTA ou um número de acesso de uma sequência de nucleótidos do NCBI na secção PCR Template (Modelo de PCR) do formulário. Se for utilizado o número de acesso da sequência de referência do NCBI mRNA, a ferramenta concebe automaticamente primers específicos para essa variante de splice.

3. Se uma ou ambas as sequências de primers tiverem de ser utilizadas na pesquisa, introduza-as na secção Parâmetros de primers do formulário. O Primer BLAST só efectua uma verificação de especificidade quando é fornecido um modelo alvo e ambos os primers.

4. Na secção Primer Pair Specificity Checking Parameters, seleccione o organismo de origem apropriado e a base de dados mais pequena que provavelmente conterá a sequência alvo. Estas definições fornecem os resultados mais exactos. Para uma cobertura mais ampla, seleccione a base de dados nr e não especifique um organismo.

5. Clique no botão "Get Primers" (Obter primers) para submeter a pesquisa e obter pares de primers específicos.

35. Como fazer: Comparar a sua sequência com a norma RefSeqGene/LRG

Começando por uma sequência ou sequências...

1. Na página inicial do RefSeqGene, clique em RefSeqGene BLAST na secção Ferramentas.

2. Envie a sua sequência de consulta ou várias sequências.

3. Reveja os resultados como alinhados com os registos RefSeqGene clicando nos Gráficos na tabela Descrições.

4. Se submeteu mais do que uma sequência de consulta e gostaria de rever o alinhamento de uma sequência específica, clique em "Configure" (Configurar), seleccione o alinhamento escolhido e retire a caixa de verificação à frente dos alinhamentos que não pretende ver. Em seguida, clique em "Configure" (Configurar) na parte inferior da página para aplicar as selecções revistas.

5. Se identificar quaisquer diferenças entre a sua sequência e o RefSeqGene, pode avaliar se outros reportaram variações de sequência nessa região, revendo a variação anotada no RefSeqGene.

36. Como fazer: Gerar uma Árvore Comum para um conjunto de taxa

Começando com um conjunto de registos de resumo na base de dados Taxonomy...

1. Seleccione Ligações de taxonomia na lista pendente Mostrar na parte superior dos resultados.
2. Selecionar "Árvore comum" no menu pendente Mostrar.
3. A página será recarregada com uma apresentação de Árvore comum. O ecrã Árvore comum apresenta uma vista hierárquica das relações entre os taxa e as suas linhagens. Os nós individuais na árvore ligam-se ao Navegador de Taxonomia. Os controlos na Árvore comum permitem expandir/colapsar nós, escolher um subconjunto para reexibir, eliminar taxa, adicionar taxa e guardar a árvore em vários formatos.

37. Como fazer: Encontrar a linhagem taxonómica completa de um organismo

Começando pelo nome de um organismo ou de um taxon...

1. Pesquisar na base de dados Taxonomia com o nome do organismo. Os nomes comuns aceites funcionam geralmente a todos os níveis taxonómicos. Utilize o nome científico ou o nome formal se não obtiver resultados com o nome comum.
2. Clique no nome do taxon pretendido nos resultados. Para taxa terminais - geralmente subespécies, espécies ou estirpes - esta ligação conduz diretamente à página de resumo. Para taxa superiores, esta ligação conduzirá ao Navegador de taxonomia, mostrando os taxa inferiores contidos no taxon superior. Se for este o caso, clique novamente no nome do taxon pretendido.

3. A linhagem taxonómica completa é apresentada na parte superior do Navegador de taxonomia ou na página de informações do taxon. Clique em "Linhagem" para alternar entre a linhagem completa e a linhagem abreviada.

38. Como fazer: Saber mais sobre um recurso NCBI

UMA PANORÂMICA GERAL DOS RECURSOS DO NCBI

1. Ver o Manual do NCBI.
2. Consulte o Manual de Ajuda do NCBI

PERGUNTAS SOBRE A UTILIZAÇÃO DOS SERVIÇOS ELECTRÓNICOS

1. Ver a documentação do E-Utilities.
2. Ver o capítulo E-Utilities no livro NCBI Short Courses.

PERGUNTAS SOBRE A EXPLOSÃO

- Consulte a documentação do BLAST.

PERGUNTAS SOBRE O PubChem

- Consulte a documentação PubChem.

39. Como fazer: Conhecer os conceitos básicos de biologia molecular e bioinformática

A começar por...

QUESTÕES GERAIS SOBRE BIOLOGIA MOLECULAR

1. Pesquisar na estante de livros do NCBI com termos de interesse.

2. Clique no Livro de interesse e reveja os capítulos em que o(s) termo(s) foi(ram) encontrado(s).

PERGUNTAS SOBRE A ANÁLISE DO GENOMA

1. Rever o capítulo do <u>Manual do NCBI</u> sobre o Processo de Montagem e Anotação do Genoma.
2. Ver o <u>Glossário do Genoma do</u> NCBI.

PERGUNTAS SOBRE UM TERMO DE BIOINFORMÁTICA

1. Ver o <u>Glossário do Manual do NCBI</u>.
2. Ver o <u>glossário</u> da base de dados Probe.

40. Como fazer: Descobrir o que há de novo no NCBI

Para saber mais sobre actualizações e novos lançamentos...

- Ler e/ou subscrever as <u>Notícias do NCBI</u>.
- Siga o nosso <u>feed do Twitter</u>.
- Seja amigo da nossa <u>página no Facebook</u>.

41. Como fazer: Visualizar um local de mutação numa estrutura 3D

Um NÚMERO RS de SNP (por exemplo, rs58524323)

1. Procurar o número rs no Entrez SNP.
2. Clique na caixa Protein 3D no resumo gráfico.
3. Na tabela resultante, são listados três aminoácidos para cada SNP: o resíduo na proteína de referência (por exemplo, NP_000231; contexto da proteína), a alteração do resíduo devido ao SNP e o resíduo na estrutura mais semelhante à sequência (estrutura vizinha). Marque as caixas em "Cn3D" para cada SNP de interesse. Clique no botão "Selected" (Selecionado).

4. Na página seguinte, os SNP são apresentados como triângulos coloridos na barra cinzenta que representa a sequência da proteína. As estruturas correspondentes estão listadas abaixo. Clique numa barra cor-de-rosa que representa uma estrutura.

5. Para ver o alinhamento no Cn3D com as posições SNP realçadas, clique no botão "View structure and alignment in Cn3D" (Ver estrutura e alinhamento no Cn3D).

A POSIÇÃO DO SNP NUMA SEQUÊNCIA PDB

1. Aceder à página inicial da estrutura.
2. Introduza o código PDB na caixa de pesquisa e prima o botão Ir.
3. Clique na imagem da estrutura e, na página resultante, clique no botão "Structure View in Cn3D".
4. Na janela Sequence/Alignment (Sequência/Alinhamento) do Cn3D, encontre a posição do SNP apontando o rato para os resíduos na sequência e lendo o número da posição no canto inferior esquerdo da janela.
5. Clique no resíduo na posição SNP, que deve agora ficar amarelo na sequência e na vista da estrutura. Para mais informações, consulte o tutorial Cn3D.

A POSIÇÃO DO SNP NUMA PROTEÍNA COM UM NÚMERO DE ACESSO (por exemplo, NP_000231)

1. Aceder à página inicial das proteínas.
2. Introduza o número de acesso da proteína na caixa de pesquisa e prima o botão Ir.
3. Clique no menu pendente "Ligações" no canto superior direito e seleccione "Estruturas relacionadas".

4. As estruturas semelhantes serão mostradas como barras cor-de-rosa por baixo da sequência de consulta. Utilizando o eixo de coordenadas, seleccione uma estrutura que contenha a posição SNP. Clique na barra cor-de-rosa.

5. Para ver o alinhamento no Cn3D com as posições SNP realçadas, clique no botão "View structure and alignment in Cn3D" (Ver estrutura e alinhamento no Cn3D).

A POSIÇÃO DO SNP NUMA SEQUÊNCIA DE PROTEÍNAS

1. Aceda à página inicial do BLAST.

2. Clique em "protein blast" em Basic BLAST.

3. Cole a sequência de proteínas na caixa de consulta e altere o menu pendente Base de dados para "Protein Data Bank proteins (PDB)". Clique no botão BLAST.

4. Quando a pesquisa estiver concluída, clique na ligação "Estruturas relacionadas" junto à parte superior do relatório.

5. Continue com o passo 4 em "a posição do SNP numa proteína com um número de acesso" acima.

42. Como fazer: Visualizar dados de frequência genotípica para um gene, doença ou variação genética curta

UM GENE OU FENÓTIPO

1. Pesquise a base de dados Gene com o nome do gene ou do fenótipo. Se souber o símbolo do gene e a espécie, introduza-os da seguinte forma: hbb[sym] AND human[orgn] e clique no botão "Pesquisar".

2. Clique no símbolo do gene pretendido para visualizar o registo completo.

3. Na lista de ligações à direita, clique em "SNP: Genotype" (SNP: Genótipo). Se a ligação não estiver presente, então não existem atualmente dados de genótipo associados a este gene.

4. Para visualizar um resumo gráfico dos dados do genótipo para todas as variações associadas no gene, clique numa das imagens em miniatura. Para ver um "SNP Report" (Relatório SNP) que apresenta os dados do genótipo, clique na ligação "Genotype" (Genótipo) e seleccione um formato preferido.

UM ACESSO SNP

1. Pesquise a base de dados <u>SNP</u> com um número rs, por exemplo: <u>rs713040</u>.

2. Clique no registo e, em seguida, desloque-se para baixo até à secção Diversidade da população (perto do fundo da página).

43. Como fazer: Descarregar um conjunto grande e personalizado de registos do NCBI

A começar por...

UMA CONSULTA DE TEXTO *(e eu prefiro descarregá-los utilizando um navegador Web)*

1. Utilize a consulta de texto para obter os registos da base de dados Entrez adequada. Para obter orientação sobre como criar uma consulta de texto Entrez, consulte a <u>Ajuda Entrez</u> ou os documentos de ajuda ligados à página inicial da base de dados Entrez que contém os dados pretendidos.

2. Se pretender, altere o formato de visualização utilizando o menu pendente Visualização.

3. Escolha Ficheiro no menu "Enviar para", seleccione o formato pretendido e clique em "Criar ficheiro".

UMA CONSULTA DE TEXTO *(e eu prefiro descarregá-los utilizando um programa de computador ou um script)*

1. Utilizar os utilitários de programação esearch e efetch Entrez E-utilities.

2. Para obter instruções, consultar a aplicação 3 do guia prático E-utilities.

UM CONJUNTO DE IDENTIFICADORES ÚNICOS *(e prefiro descarregá-los utilizando um navegador Web)*

1. Crie um ficheiro de texto simples que contenha cada identificador numa linha separada.

2. Carregue este ficheiro utilizando o Batch Entrez. Clique no botão Procurar para procurar o seu ficheiro ou introduza o caminho completo do nome do ficheiro na caixa de introdução. Certifique-se de que define o menu pendente da base de dados para a base de dados correcta.

3. Se pretender, altere o formato de visualização utilizando o menu pendente Visualização.

4. Escolha Ficheiro no menu "Enviar para", seleccione o formato pretendido e clique em "Criar ficheiro".

UM CONJUNTO DE IDENTIFICADORES ÚNICOS *(e eu prefiro descarregá-los utilizando um programa de computador ou um script)*

1. Utilizar os utilitários epost e efetch <u>Entrez Programming Utilities E-utilities</u>.
2. Ver o exemplo "epost->esummary/efetch" em "Pipelines básicos" no <u>Guia Prático do E-utilities</u>.
3. Ver <u>Aplicação 3</u> no Guia Prático de E-utilities para instruções de utilização do efetch.

4. Xiong J. (2006). Essential Bioinformatics. Universidade do Texas A & M. Cambridge University Press.
5. Arthur M Lesk (2014). Introdução à bioinformática. Oxford University Press. Oxford, Reino Unido
6. http://www.electronicsandcommunications.com/2018/08/secondary-databases-in-bioinformatics.html
7. https://www.ebi.ac.uk/training/online/course/bioinformatics-terrified-2018/primary-and-secondary-databases
8. Andreeva A, Howorth D, Chandonia JM, Brenner SE, Hubbard TJ, Chothia C, Murzin AG (janeiro de 2008). "Crescimento dos dados e seu impacto na base de dados SCOP: novos desenvolvimentos". *Nucleic Acids Research*. **36** (Edição de base de dados): D419-25.
9. Croft, D (2013). *Construindo modelos usando as vias do Reactome como modelos*. Métodos em Biologia Molecular. **1021**
10. *Adams MD, Celniker SE, Holt RA, Evans CA, Gocayne JD, et al. (2000). "A sequência do genoma de Drosophila melanogaster". Science. 287 (5461): 2185-95.*
11. Finn RD, Tate J, Mistry J, Coggill PC, Sammut SJ, Hotz HR, Ceric G, Forslund K, Eddy SR, Sonnhammer EL, Bateman A (2008). "A base de dados das famílias de proteínas Pfam". *Nucleic Acids Res*. **36** (Edição da base de dados): D281-8.

12. Andreeva A, Howorth D, Brenner SE, Hubbard TJ, Chothia C, Murzin AG (janeiro de 2004). "Base de dados SCOP em 2004: os refinamentos integram a estrutura e os dados da família de sequências". *Nucleic Acids Research*. **32** (Edição de base de dados): D226-9.

13. Mathivanan, Suresh; Fahner Cassie J; Reid Gavin E; Simpson Richard J (outubro de 2011). "ExoCarta 2012: banco de dados de proteínas exossomais, RNA e lipídios". *Pesquisa de Ácidos Nucleicos*. **40** (edição de banco de dados): D1241-

14. *Alberts B (2002). Molecular biology of the cell (4ª ed.). New York: Garland Science. p. 207. ISBN 978-0-8153-4072-0.*

15. Arnold, R.; Rattei, T.; Tischler, P.; Truong, M.-D.; Stümpflen, V.; Mewes, H. W. (2005). "SIMAP - A matriz de similaridade das proteínas". *Bioinformática*. **21** (Suppl 2): ii42-ii46.

16. ^ *Alberts, Bruce; Johnson, Alexander; Lewis, Julian; Raff, Martin; Roberts, Keith; Walter, Peter (2002). DNA cromossômico e sua embalagem na fibra de cromatina.*

17. Tweedie, Susan; et al. (2009). "FlyBase: Enhancing Drosophila Gene Ontology Annotations". *Nucleic Acids Research*. Oxford Journals. **37** (Edição de base de dados): D555–D559. doi:10.1093/nar/gkn788. PMC 2686450. PMID 18948289.

18. Drysdale, R (2008). *FlyBase: uma base de dados para a comunidade de investigadores de Drosophila.* Methods Mol. Biol. **420**. pp. 45–59. doi:10.1007/978-1-59745-583-1_3.

19. *Santiago, José A.; Potashkin, Judith A. (2014). "Uma abordagem de rede para intervenção clínica em doenças neurodegenerativas". Tendências em Medicina Molecular. 20 (12): 694–703. doi:10.1016/j.molmed.2014.10.002. PMID 25455073.*

20. *Tieri, Paolo; Termanini, Alberto; Bellavista, Elena; Salvioli, Stefano; Capri, Miriam; Franceschi, Claudio (2012). "Mapeando*

o mapa do interactoma da via NF-κB". PLOS ONE. 7 (3): e32678. Bibcode:2012PLoSO...732678T. doi:10.1371/journal.pone.0032678. PMC 3293857. PMID 22403694.

21. Scordis, P.; Flower, D. R.; Attwood, T. K. (1999). "FingerPRINTScan: Pesquisa inteligente da base de dados de motivos PRINTS". *Bioinformatics.* **15** (10): 799-806.

22. Hayden, EC (2013). "Banco de dados de plantas popular definido para cobrar dos usuários". *Nature.* doi:10.1038/nature.2013.13642

23. *Goto S, Nishioka T, Kanehisa M (1999). "Base de dados LIGAND para enzimas, compostos e reacções". Nucleic Acids Res. 27 (1): 377-9.*

24. Chowdhury, S; Hobbs, C. A.; MacLeod, S. L.; Cleves, M. A.; Melnyk, S; James, S. J.; Hu, P; Erickson, S. W. (2012).

25. *Romero, Pedro; Wagg, Jonathan; Green, Michelle L; Kaiser, Dale; Krummenacker, Markus; Karp, Peter D (2004)*

26. Rojas, I; Golebiewski, M; Kania, R; Krebs, O; Mir, S; Weidemann, A; Wittig, U (2007). "Armazenamento e anotação de dados cinéticos". *Biologia in silico.* **7** (2 Suppl): S37-44.

27. Müller W. In: Pfade im Informationsdschungel Spektrum der Wissenschaft, Spektrum Spezial: Datengetriebene Wissenschaft, dezembro de 2011

28. Messiha, Hanan L.; Malys, Naglis; Carroll, Kathleen M. (2011). "Rumo a uma descrição quantitativa completa do metabolismo da levedura". *Métodos em Biologia de Sistemas.* Métodos em Enzimologia. **500**. pp. 215-231

29. Söhngen, C; Podstawka, A; Boyke, B; Gleim, D; Vetcininova, A; Reimer, LC; Ebeling, C; Pendarovski, C; Overmann, J (30 de

setembro de 2015). *"BacDive* - O metadatabase da diversidade bacteriana em 2016

30. Harmon, Joanie (2 de dezembro de 2016). "Animais, vegetais, dados: Explorando o 'Catálogo da Vida' online". *Sala de notícias da UCLA*. Arquivado do original em 24 de junho de 2018. Recuperado em 23 de junho de 2018.

31.

Chun, Jongsik; Lee, Jae-Hak; Jung, Yoonyoung; Kim, Myungjin; Kim, Seil; Kwon Kim, Byung; Lim, Young-Woon (2007). "EzTaxon: uma ferramenta baseada na Web para a identificação de procariotas com base em sequências do gene do ARN ribossómico 16S". Jornal Internacional de Microbiologia Sistemática e Evolutiva. 57 (10)

32. Vendt, Clark (junho de 2013). "O Arquivo de Imagens do Cancro (TCIA): Manutenção e operação de um repositório de informações públicas". *Jornal de imagens digitais*. **26** (6):

33. Canadá, Saúde (26 de julho de 2007). "Programa Integrado Canadiano de Vigilância da Resistência Antimicrobiana (CIPARS)"

34. EUCAST: Pontos de corte clínicos e dosagem de antibióticos". www.eucast.org. Recuperado em 12 de dezembro de 2021.

35. RGD. "Fenótipos e modelos - Base de dados do genoma do rato". Rgd.mcw.edu. Recuperado em 2015-07-15.

36. Petri V, Jayaraman P, Tutaj M, et al. (2014). "A ontologia do caminho - atualizações e aplicações". *J Biomed Semantics*. **5** (1): 7. doi:10.1186/2041-1480-5-7. PMC 3922094. PMID 24499703.

37. Rachel L, Julie S, Daniela B, et al. (2015). "Análise de organismos cruzados usando InterMine". *Génesis*. **53** (8): 547-60. doi:10.1002/dvg.22869. PMC 4545681. PMID 26097192

38. "Base de dados do genoma de Saccharomyces". Base de dados do genoma de *Saccharomyces*. Universidade de Stanford. Recuperado em 26 de abril de 2018.

39. Colaboratório de Investigação para a Bioinformática Estrutural". *RCSB.org*. Colaboratório de Investigação para a Bioinformática Estrutural. Arquivado do original em 2007-02-05.

40. Cherry JM; Ball C; Weng S; Juvik G; Schmidt R; Adler C; Dunn B; Dwight S; Riles L; Mortimer RK; Botstein D (maio de 1997). "Mapas genéticos e físicos de Saccharomyces cerevisiae". *Nature*. **387** (6632 Suppl): 67-73. doi:10.1038/387s067. PMC 3057085. PMID 9169866.

41. Clustal Omega no EMBL-EBI". www.ebi.ac.uk. Recuperado em 3 de novembro de 2021.

42. Valverde H, Cantón FR, Aledo JC (novembro de 2019). "MetOSite: um recurso integrado para o estudo da sulfoxidação de resíduos de metionina"

43. *Schomburg I, Chang A, Schomburg D (2002). "BRENDA, dados enzimáticos e informações metabólicas". Nucleic Acids Res. **30** (1): 47–49. doi:10.1093/nar/30.1.47. PMC 99121. PMID 11752250.*

44. Schomburg I, Chang A, Ebeling C, Gremse M, Heldt C, Huhn G, Schomburg D (2004).

45. *Lim, E; Pon A; Djoumbou Y; Knox C; Shrivastava S; Guo AC; Neveu V; Wishart DS. (Jan 2010)*

46. Caetano-Anolles G, Caetano-Anolles D (2003). "Um universo evolutivamente estruturado de arquitetura proteica". *Genome Res*. **13** (7): 1563-71.

47. Caetano-Anolles G, Kim HS, Mittenthal JE (2007). "A origem das redes metabólicas modernas inferida a partir da análise filogenómica da arquitetura das proteínas

48. *Croft, D (2013). Construindo modelos usando as vias do Reactome como modelos. Métodos em Biologia Molecular. 1021.*

49. Laboratório Cohan (23 de outubro de 2015). "Banco de dados de diversidade bacteriana BacDive da DSMZ".

50. *Schmutz, Jeremy; Cannon, Steven B.; Schlueter, Jessica; et al. (2010). "Sequência do genoma da soja paleopoliplóide". Nature. 463 (7278): 178-183. Bibcode:2010Natur.463..178S. doi:10.1038/nature08670. PMID 20075913. S2CID 4372224.*

51. Schlapfer, P.; Zhang, P.; Wang, C.; et al. (2010). "Previsão de enzimas metabólicas e grupos de genes em plantas em todo o genoma". *Fisiologia Vegetal.* **173** (4): 2041–2059. doi:10.1104/pp.16.01942. PMC 5373064. PMID 28228535.

52. Rodriguez-Iglesias, A.; Rodriguez-Gonzalez, A.; Irvine, A.G.; Sesma, A.; Urban, M.; Hammond-Kosack, K.E.; Wilkinson, M.D. (2016). "Publicação de dados FAIR: Uma Metodologia Exemplar Utilizando PHI-Base". *Front Plant Sci.* **7**: 641.

53. Rutherford KM, Harris MA, Lock A, Oliver SG, Wood V (junho de 2014). "Canto: uma ferramenta online para curadoria de literatura comunitária". *Bioinformática.* **30** (12): 1791–2. doi:10.1093/bioinformatics/btu103. PMC 4058955. PMID 24574118.

54. Griffiths-Jones, Sam (2006). "MiRBase: a base de dados de sequências de microRNA". *Protocolos de MicroRNA. Métodos em Biologia Molecular.* **342**. pp. 129-38. doi:10.1385/1-59745-123-1:129. ISBN 1-59745-123-1. PMID 16957372.

55.Caravas J, Friedrich M (junho de 2010). "De ácaros e milípedes: progressos recentes na resolução da base da árvore dos artrópodes". *BioEssays*. **32** (6): 488-95.

56.Pashkovskiy PP, Ryazansky SS (junho de 2013). "Biogénese, evolução e funções dos microRNAs das plantas". *Bioquímica. Biokhimiia*. **78** (6): 627-37.

57.Gardner PP, Daub J, Tate JG, et al. (outubro de 2008). "Rfam: actualizações da base de dados das famílias de ARN". *Nucleic Acids Research*. **37** (Edição de base de dados): D136-D140.

58.Eddy SR, Durbin R (junho de 1994). "Análise da sequência de RNA usando modelos de covariância". *Nucleic Acids Research*. **22** (11): 2079-88.

59. *Hatos, András; Hajdu-Soltész, Borbála; Monzon, Alexander M.; Palopoli, Nicolas; Álvarez, Lucía; Aykac-Fas, Burcu; Bassot, Claudio; Benítez, Guillermo I.; Bevilacqua, Martina; Chasapi, Anastasia; Chemes, Lucia (2019)*

60.Sung, Wing-Kin (2010). *Algoritmos em bioinformática: uma introdução prática*. Boca Raton: Chapman & Hall/CRC Press. p. 109. ISBN 9781420070330.

61.Dayhoff, Margaret O. (1965). *Atlas of protein sequence and structure*. Silver Spring, Md: National Biomedical Research Foundation.

62.Estatísticas UniProtKB / Swiss-Prot Release 2018_03". *web.expasy.org*. Recuperado em 14 de abril de 2018.

63.Potenza, Emilio; Di Domenico, Tomás; Walsh, Ian; Tosatto, Silvio C. E. (2015-01-01). "MobiDB 2.0: um banco de dados aprimorado de proteínas intrinsecamente desordenadas e móveis". *Nucleic Acids Research*. **43**

64.Mudgal, Richa; Sandhya, Sankaran; Chandra, Nagasuma; Srinivasan, Narayanaswamy (2015-07-31)

65. Boeckmann, Brigitte; Blatter, Marie-Claude; Famiglietti, Livia; Hinz, Ursula; Lane, Lydie; Roechert, Bernd; Bairoch, Amos (2005-11-01). "Variedade de proteínas e diversidade funcional: A anotação Swiss-Prot no seu contexto biológico". *Comptes Rendus Biologies*. **328** (10-11)

66. Madera, Martin; Vogel, Christine; Kummerfeld, Sarah K.; Chothia, Cyrus; Gough, Julian (2004-01-01). "A base de dados SUPERFAMILY em 2004: adições e melhorias

67. Gough, J. (2002). "A base de dados SUPERFAMILY em genómica estrutural". *Ata Crystallographica Section D*. **58** (Pt 11): 1897-1900.

68. Base de dados CATH (@CATHDatabase)". Twitter. Recuperado em 9 de março de 2017.

69. CATH: Base de dados de classificação da estrutura das proteínas na UCL". *Cathdb.info*. Recuperado em 9 de março de 2017.

70. SWISS-MODEL | Mus musculus". *swissmodel.expasy.org*. Recuperado em 2020-02-14.

71. SWISS-MODEL | Caenorhabditis elegans". *swissmodel.expasy.org*. Recuperado em 2020-02-14.

72. Larsson A, Fridberg M, Gaber A, Nodin B, Levéen P, Jönsson G, Uhlén M, Birgisson H, Jirström K (2012).

73. *Uhlén M, Fagerberg L, Hallström BM, Lindskog C, Oksvold P, Mardinoglu A, et al. (janeiro de 2015)*

74. Uhlén M, Björling E, Agaton C, Szigyarto CA, Amini B, Andersen E, et al. (Dez. 2005). "Um atlas de proteínas humanas para tecidos normais e cancerosos baseado na proteómica de anticorpos". *Molecular & Cellular Proteomics*. **4** (12): 1920-32.

75. andasamy, K.; Keerthikumar, S.; Raju, R.; Keshava Prasad, T. S.; Ramachandra, Y. L.; Mohan, S.; Pandey, A. (2009). "PathBuilder - software de fonte aberta para anotação e desenvolvimento de recursos de vias". *Bioinformatics*. **25** (21): 2860-2